CARL MARIA VON WEBER

DER FREISCHÜTZ

ROMANTISCHE OPER IN DREI AUFZÜGEN

DICHTUNG VON FRIEDRICH KIND

VOLLSTÄNDIGES BUCH

MIT EINER EINLEITUNG NEU HERAUSGEGEBEN
VON WILHELM ZENTNER

PHILIPP RECLAM JUN. STUTTGART

Umschlagabbildung: Illustration zu Webers *Freischütz* von Johann Heinrich Ramberg (1763–1840).

Universal-Bibliothek Nr. 2530

Gesamtherstellung: Reclam, Ditzingen. Printed in Germany 1994

ISBN 3-15-002530-3

EINLEITUNG

So vielgestaltig und umfangreich Carl Maria von Webers (1786–1826) Gesamtwerk auch sein mag, im Bewußtsein der musikliebenden Welt lebt der Komponist in erster Linie als Schöpfer des *Freischütz*. Weder die Klavierkompositionen – unter ihnen die *Aufforderung zum Tanz*, die immerhin ein das Tanzempfinden evolutionierender Wurf war – noch die patriotischen Lieder, in denen die Erregung der kriegsbewegten Napoleonischen Zeit zittert, noch auch die übrigen Opern – ein so bedeutsamer Markstein auf dem Wege zum späteren Musikdrama *Euryanthe* sein mag – vermögen sich mit der Beliebtheit eines Werkes zu messen, in dessen Zeichen die überwiegende Mehrheit der Opernfreunde ihre erste Bekanntschaft mit dem musikalischen Theater gemacht hat. Und so mag Hans Pfitzner, der leidenschaftliche Vorkämpfer für den Genius der frühromantischen Oper, nicht unrecht haben, wenn er meint: »Weber kam auf die Welt, um den Freischütz zu schreiben.«

Gewiß ist diese Oper Carl Maria von Webers stolzester künstlerischer Ruhmestitel geworden, weil er zu keinem anderen Stoff in ähnlich persönlichem Verhältnis gestanden hat wie zu diesem Waldmärchen. Beide verschmelzen zu natürlicher Einheit. Blättert man in der Familiengeschichte des Meisters um einige Geschlechter zurück, so lassen sich Beziehungen und Zusammenhänge aufspüren, von denen Weber selbst nichts geahnt haben mag. Die Mutter des Komponisten stammte, wie die neueste Forschung entgegen einer vom Vater Franz Anton Weber fälschlich aufgebrachten Familienüberlieferung dargetan hat, aus dem schwäbischen Allgäu. Die Großmutter war eine Jägerstochter aus dem Dorfe Görisried, eine geborene Hindelang, deren Vater, Georg Hindelang, als gleich vortrefflicher Weidmann wie Charakter gerühmt wird. Wir gehen wohl nicht fehl, wenn wir uns diesen Georg Hindelang als einen Mann vom Schlage des Erbförsters Kuno in unserer Oper vorstellen. Als ›Jägersbraut‹ – diesen Titel sollte der *Freischütz* ursprünglich tragen – hatte er im Jahre 1727 Barbara Kempter aus Markt Oberdorf, dem Sommersitz der Fürstbischöfe von Augsburg, zum Altar geführt. In einem Forsthause, in der Einsamkeit des Waldes, verbrachten die beiden ihr Leben und wuchsen ihre Kinder heran. Ebenso waren Webers väterliche Vorfahren der Waldnatur unmittelbar verbunden gewesen. Der Großvater Fridolin Weber saß als freiherrlich Schönauischer Amtmann in Zell im südlichen Schwarzwald; nahe dem Amtshaus rauschte die später von dem alemannischen Dichter Johann Peter Hebel besungene Wiese vorbei, deren Wasser auch die Räder der urgroßväterlichen Mühle in dem am Ausgang des Wiesentals, unweit Basel gelegenen Stetten getrieben hatte. Nur wenige Schritte war es in beiden Orten bis zu den Buchen- und Tannenforsten des Schwarzwalds, der sich bei Zell mit der damals noch kaum erstiegenen, von der Volkssage umwobenen Hohen Möhr zu einem seiner landschaftlich schönsten Gipfel erhebt. Sollten diese Vorvätererinnerungen den Komponisten zu dem Stoffe geführt haben, der ihn, schon sieben Jahre vor der Vertonung der Oper, lebhaft gefesselt hatte?

Es war im Jahre 1810, als dem Vierundzwanzigjährigen auf dem zwischen Laubwald und Neckarwellen liegenden Stift Neuburg bei Heidelberg eine literarische Neuerscheinung, Johann August Apels und Friedrich Launs *Gespensterbuch*, in die Hand geriet. Bei der Lektüre weckte die als ›Volkssage‹ bezeichnete Erzählung vom ›Freischütz‹ sofort Opernpläne, die sich zum Entwurf eines Szenariums zu verdichten begannen. Die sprachliche Ausführung sollte einem Angehörigen von Webers damaligem Freundeskreis, dem Rechtspraktikanten und späteren badischen Staatsminister Alexander von Dusch, übertragen werden. Allein die Zeit des *Freischütz* war noch nicht gekommen, und so blieb es bei der flüchtigen, bald von neuen Eindrücken und Plänen überwucherten Skizze.

Nachdem Weber 1817 sein Amt als musikalischer Leiter der deutschen Oper in Dresden angetreten hatte und Fühlung mit den künstlerischen und literarischen Kreisen der sächsischen Landeshauptstadt suchte, trat er auch in Beziehung zu dem Rechtsanwalt und Mitherausgeber der Dresdner *Abendzeitung* Friedrich Kind (1768–1843). Seit 1792 spielte dieser als vielseitiger, allen literarischen Moden sich anpassender Schriftsteller eine Rolle im geistigen Leben Dresdens. Beim ersten Besuche in Kinds Wohnung entdeckte der Komponist jenes ihm schon aus den Neuburger Tagen bekannte *Gespensterbuch*, und die Freischützsage beschäftigte erneut seine Phantasie. Die Neigung zu Stoffen übersinnlicher Art lag in der damaligen Dresdner Sphäre, die neun Jahre zuvor durch eine Vortragsreihe Gotthilf Heinrich Schuberts über die *Nachtseite der Naturwissenschaft* in lebhafte Mitschwingung versetzt worden war. Kind mag dem Musiker von den Ausführungen des Naturphilosophen berichtet haben. Diese hatten von den magischen Zusammenhängen zwischen Geisterreich und Körperwelt, von Magnetismus, Vorahnungen, Traumgesichten und Hellseherei gehandelt. Rasch hatte das Schicksalsdrama Kapital aus dieser Stoffwelt geschlagen; Adolf Müllners, des Weißenfelser Advokaten, Tragödien *Der neunundzwanzigste Februar* und *Die Schuld* bildeten literarische Tagesgespräche. Weber fing abermals Feuer an Apels Erzählung; Kind erklärte sich spontan zur Abfassung des Librettos bereit. Nach wenigen Tagen hielt Weber das Buch in der Hand. Lediglich der Titel bereitete noch Kopfzerbrechen. Aus dem ursprünglichen *Probeschuß* wurde zunächst *Die Jägersbraut.* Die erste, die von Webers neuen Opernplänen erfuhr, war seine Braut und baldige Lebensgefährtin, die Sängerin Caroline Brandt in Prag. Nachdem sie das Buch gelesen, riet ihr gesunder Bühneninstinkt zur Tilgung der zwischen dem Eremiten und Agathe spielenden, allerdings nicht unwesentliche Expositionsmomente enthaltenden Anfangsszenen. Ergab doch das mitten ins Volksleben hineinführende Sternschießen einen ungleich bewegteren Beginn. Während der Komponist sich überzeugen ließ, hat der Textdichter diese Streichung nie verwunden. Es kam über diesen Punkt und das eigenartige Verhalten des in seiner Autoreneitelkeit gekränkten, sich zu wenig beachtet fühlenden Kind nach der Uraufführung zu einer Entzweiung, die zur Folge hatte, daß Weber für spätere Werke mit einer Mitarbeit des Freischützdichters nicht mehr rechnen konnte.

Fürs erste reizten den Komponisten jene Szenen zur Vertonung, für die er das lebendige Urbild vor Augen zu haben glaubte. So schreibt er an Caroline Brandt: »Das Ännchen, das so ganz deine Rolle wäre, zieht mich vor allem an, und ich muß unwiderstehlich diese Sachen zuerst komponieren, wobei du mir immer lebhaft vor Augen schwebst. Du wirst also meist darin dein Porträt in einem neckischen, spitzbübischen Pumpernickel wiederfinden.« Tatsächlich sind Ännchens Worte im Duett Nr. 6 »Schelm, halt fest« die ersten gewesen, die vertont wurden. Die Komposition schritt allerdings nur langsam vorwärts. Der Aufbau seines Dresdner Wirkungskreises, die Kapellmeistertätigkeit in Oper und Hofkirche, andere Schöpfungen, die sich dazwischenschoben, ließen den *Freischütz* erst 1820 zum Abschluß gelangen.

Als Uraufführungsort war Berlin ausersehen, wo dem Komponisten in dem Intendanten der Königlichen Schauspiele, Grafen Karl von Brühl, ein besonderer Gönner und Förderer lebte. Brühl gab die Hoffnung, das Werk seines Schützlings durchzusetzen, auch in dem Moment nicht auf, als Gasparo Spontini, kein Freund der deutschen Oper, mit bis dahin kaum gekannten künstlerischen Vollmachten zum preußischen Generalmusikdirektor ernannt wurde. Vorläufig blieben freilich zahlreiche Hindernisse zu überwinden. Der Intendant hatte dem *Freischütz* – so lautete jetzt der Titel – bei der Einweihung des von Schinkel geschaffenen Nationaltheaters am Gendarmenplatz die Rolle der Eröffnungsoper zugedacht. Jedoch die Fertigstellung des Hauses zog sich über Erwarten lang hinaus. Spontini konzentrierte alle Kräfte der Oper auf die Uraufführung seiner *Olympia*, aus der er ein theatralisches Ereignis größten Stils zu machen trachtete. Als Ausgleich für die Webers Geduld auf harte Proben stellende Hinauszögerung überraschte Brühl den

Komponisten mit dem Auftrag einer Musik zu dem Schauspiel *Preziosa* von Pius Alexander Wolff, dem aus Goethes Weimarer Schule hervorgegangenen Schauspieler. Die Premiere am 15. März 1821 ergab einen vollen Erfolg, den Weber freudig als gutes Vorzeichen nahm.

Inzwischen hatte die italienische Oper mit der Darstellung von Spontinis *Olympia* am 14. Mai 1821 einen nahezu propagandistisch wirkenden, aufreizenden Pomp entfaltet. Die Spannung auf den *Freischütz*, den man von vornherein als antipodisch empfand, war damit aufs höchste gestiegen. Man darf diesen Wettstreit nicht nur als das Ringen zweier nationaler Stile verstehen. Es ging dabei kaum weniger um zwei verschiedene künstlerische Prinzipien, um die Außen- und Innenseite des musikalischen Theaters, nämlich um die Frage, an wen sich dieses in erster Linie zu wenden habe, an die Sinnen- oder die Empfindungswelt. Graf Brühl, der schwerwiegenden Bedeutung der Freischütz-Premiere bewußt, hatte nichts versäumt, was dem Eindruck förderlich sein konnte. Beliebte Mitglieder der Berliner Oper vertraten die Hauptpartien: Heinrich Stümer den Max, Heinrich Blume den Kaspar, Georg Gern den Eremiten, Caroline Seidler die Agathe und Johanna Eunicke das Ännchen. Den Anspruch der letzteren auf eine zweite Solonummer befriedigte Weber durch die Nachkomposition der Romanze »Einst träumte meiner sel'gen Base«. Mit dieser letztentstandenen Nummer ist das Gesamtbild des *Freischütz* insofern bereichert worden, als die sonst in der Oper real genommene Gespenster- und Geisterwelt von einem anderen Blickpunkt aus betrachtet, durch »Nero, den Kettenhund« romantisch ironisiert wird. Um den Ausstattungswundern der *Olympia* Widerpart bieten zu können, war im Bereich des Dekorativen und Kostümlichen nicht gespart worden. Weber empfand die Innenräume als zu prächtig, die Kostüme als zu elegant. Für die Spukgestalten der Wolfsschlucht forderte er an Stelle der von dem Bühnenbildner Gropius vorgeschlagenen Andeutungen und Symbole eine leibhaftige Wirklichkeit im Sinne des alten Volksglaubens.

Unter des Komponisten persönlicher Leitung ging der *Freischütz* am 18. Juni 1821 erstmals in Szene: eines der bemerkenswertesten Daten der deutschen Operngeschichte, ein Sieg auf allen Linien. Die Melodien, voran die Weise des ›Jungfernkranzes‹, eilten von Mund zu Mund. Drei Jahre nach seinem Erscheinen war Webers Werk in keinem Winkel Deutschlands mehr unbekannt, keine Schöpfung deutscher Kunst war seit Schillers Dramen ähnlich beliebt geworden. An dieser Tatsache konnten auch gegenteilige Urteile nichts ändern, unter denen die Unterrichtung Goethes durch seinen Berliner Freund und Gewährsmann Zelter durch ihren säuerlichen Ton besonders hervorsticht; der Kritikus meinte, nur die Kinder und Weiber seien toll und voll davon. Allerdings sollten diesmal die Kinder und Weiber vor der Ansicht des Fachmanns das Feld behaupten.

Während der Komponist Anfang 1822 sein Werk an der Stätte seines künstlerischen Wirkens, in Dresden, in einer authentischen Wiedergabe, bei der er bis in die Fragen der Dekorations- und Kostümgestaltung seinen Einfluß geltend machte, herausbringen konnte, erlaubte sich in Wien die Zensur eine Anzahl von tiefgehenden Eingriffen. Den zarten Nerven der Wiener Damenwelt zuliebe waren die knallfreudigen Jägerbüchsen in Armbrüste verwandelt worden, und es wurden geräuschlose Bolzen verwendet, die Kaspar in der Wolfsschlucht dem Astloch eines ›Zauberbaums‹ entnahm. Das leibliche Erscheinen Samiels war untersagt worden und somit von dem wilden Jäger lediglich die ›Stimme eines bösen Geistes‹ übriggeblieben. Der Eremit hatte sich die Umdeutung in einen weltlichen Einsiedler gefallen lassen müssen. Ungeachtet solcher Entstellungen vermochte aber auch hier die Oper, mit der berühmten Wilhelmine Schröder-Devrient als Agathe, »trotz allem Widerstand der Rossinianer« den gewohnten Triumph zu feiern. Am 7. März 1822 dirigierte, an Stelle des ständigen musikalischen Leiters Joseph Weigl, Weber selbst seine Oper. Der Schauspieler Carl Ludwig Costenoble, der 1797/98 der von Franz Anton Weber, dem Vater des Komponisten, geleiteten Theatertruppe angehört hatte und jetzt am

Burgtheater wirkte, hat uns in seinen Tagebüchern einen Augenzeugenbericht hinterlassen: »Wir hörten heute im Operntheater den Freischütz. Der Komponist dirigierte sein großes Werk selbst. Das Wiener Publikum fiel aus seiner bisherigen Rossinischen Rage in eine Webersche und tobte dem deutschen Landsmanne so großen Beifall zu, als ob er ein Ausländer wäre. Das ist wahr, diese Wiener sind beweglich, aber leider ebenso reizbar für die Unnatur wie für die Wahrheit. Heute war nun einmal das Rasen an der rechten Stelle. Carl Maria von Weber nahm alle Tempi teils feuriger, teils sanfter, wie man sie bisher gehört hatte. Der Komponist wurde oftmals gerufen und am Schlusse mit einem Gedichte und einem Lorbeerkranz beehrt. Er nahm ihn sehr bescheiden auf.«

Der Freischütz ist zuweilen in der Musikgeschichte als ein künstlerisches Wunder betrachtet worden, das, ohne sichtbare Voraussetzungen, der Welt den ganzen Weber mitsamt der deutschen Oper geschenkt haben soll. Der genaueren Betrachtung hält diese Auffassung allerdings nicht in allen Stücken stand, und so staunenswert man den Schritt von Webers letztem, zehn Jahre früher entstandenem Bühnenwerk, dem *Abu Hassan*, auch finden mag, es lassen sich doch noch einige Zwischenstationen – freilich nicht gerade auf dem Feld der Oper – aufzeigen. Die Lieder, Chöre, die 1815 geschaffene Kantate *Kampf und Sieg* sind dabei nicht zu übersehen. In einem Punkte ist der *Freischütz* allerdings einzigartig: in der Treffsicherheit, mit der diese Musik die geheime Sehnsucht einer ganzen Zeit zu erspüren, sich zur Künderin eines Allgemeinempfindens zu machen vermochte. Man hat diese Wirkung vor allem dem ausgesprochen deutschen Charakter der Oper zuschreiben wollen. Der vergleichenden Musikwissenschaft fällt indessen der Nachweis nicht schwer, daß manches Stück der Partitur in fremdem Boden wurzelt. Max kann in seiner großen Soloszene mitunter die melodische Patenschaft von Webers hochverehrtem Vorbild Méhul nicht verleugnen, Ännchen liebt den Polonaisenrhythmus, und Kaspars Rachearie zeigt das Pathos der Opera seria neapolitanischer Schule. Nur ein Teil der Musiknummern, wie der Ländler, das Lied vom Jungfernkranz oder der Jägerchor, stehen unbestreitbar in deutscher Tradition. Es ist daher möglich, einseitigen Verteidigern des absolut deutschen *Freischütz* eine Gegenrechnung zu präsentieren, was auch prompt und nicht ohne tendenziöse Spitze geschehen ist. Allein das schöpferische Genie erhebt sich über den Streit der Meinungen in jene absolut künstlerische Höhe, wo die Kontroversen verstummen. So viele ›Vorbilder‹ und ›Einflüsse‹ dem Komponisten des *Freischütz*, der übrigens nie ein Hehl daraus gemacht hat, sich des Guten zu bedienen, wo immer es ihm begegnete, nachgewiesen werden können – im unfruchtbaren Eklektizismus ist er nicht steckengeblieben. Weber war nicht Knecht, sondern Herr dieser Einflüsse. Er hat die scheinbar heterogenen Elemente zu einem neuen, zu seinem Persönlichkeitsstil zu verschmelzen vermocht. Der Sieg des *Freischütz* war daher zugleich ein Triumph der Persönlichkeit Webers.

Wenn das Publikum sich vor allem an Einzelheiten oder Äußerlichkeiten erfreute, so erkennt der Tieferdringende zugleich den Grund dieser Wirkung. War doch Held und Inhalt der bisher geschaffenen Opern zumeist der Mensch gewesen: dieser trat hier jedoch zurück hinter einer anderen Macht, der in diesem Werke unwillkürlich die beherrschende Rolle zufiel, der Natur. Sie verkörperte sich im *Freischütz* in einer jener Sphären, zu der sich das romantisch eingestimmte Gemüt stets besonders hingezogen gefühlt hat, im Walde. So hat die Oper in seinem Zeichen ihren siegreichen Einzug in die Theater gehalten.

Um eine rein realistische Naturschilderung ist es Weber dabei nicht zu tun gewesen. Das wahre Bild der Natur enthüllt sich dem Romantiker nicht in ihrer unmittelbaren, gegenständlichen Existenz, sondern in ihrer Widerspiegelung im menschlichen Auge, im menschlichen Gefühl, in der Seele des Betrachters. In einer solchen Verknüpfung wirkt zugleich ein ausgesprochen musikalisches Moment. Hier konnte die Tonkunst, ohne einem platten Naturalismus in Gestalt handgreiflicher Tonmalerei zu huldigen, wahrhaft landschaftbildende Kraft bewähren und im Spiegel der Töne das Landschaftsbild gleichsam wie im menschlichen Herzen auffangen. Wenn in der Freischützouvertüre Hörnerklänge die Vorstellung des Waldes beschwören, dann wird durch die Magie dieser Klänge das äußere Bild zur inneren Anschauung gewandelt. Selbst die Wolfsschluchtmusik, die mit eindeutigen Tonmalereien im einzelnen nicht zurückhält, will unter diesem Aspekt gewürdigt und verstanden sein. Sie ist durchaus nicht nur die realistische Schilderung einer Sturmnacht, sondern deren Widerschein in der leidenschaftlich aufgewühlten Einbildungskraft der beiden Jägerburschen.

Die vielbewunderten neuartigen Wirkungen, die der Komponist erzielte, liegen nicht zum wenigsten auf dem stark erweiterten Gebiet der Klangfarben. Dank dieser war Weber imstande, die für sein Werk bezeichnenden ›Haupttöne‹, die stimmungssatten ›Grundfarben‹ in seine Oper zu bringen. Es muß dabei betont werden, daß diese vertieften Eindrücke erreicht worden sind, ohne daß der Komponist seinem Orchester auch nur ein einziges neues Instrument hinzugefügt hätte. Weber beschritt seinen ›neuen‹ Weg, indem er das von der Klassik gefällte Urteil über die Ungunst bestimmter Instrumentalklangregister revidierte und zu anderen Ergebnissen gelangte. So wurden die verpönten tiefen, teilweise auch höchsten Lagen der Holzbläser, die gestopften Horntöne zur Erzielung gewisser charakteristischer Wirkungen vom Freischützkomponisten geradezu neu entdeckt. Solches Verfahren geht über die Kunstfertigkeit des geschickten Instrumentators weit hinaus; hierin bekundet sich schöpferisches Genie. Von Weber läßt sich lernen, daß alle Kunst der Orchestrierung unfruchtbar bleibt, solange sie nicht mit einem wirklichen ›Erfinden‹ verbunden ist. Dieses Erfinden ist geistiger, nicht materieller Natur. Vor den Gefahren der letzteren hat Weber nachdrücklich gewarnt. »Der Himmel bewahre uns vor dem Glauben, daß die Masse und Anhäufung äußerer Mittel unbedingt nötig sei, um starke Wirkungen hervorzubringen.«

Das Grundgesetz des ›Natürlichen‹ waltet im *Freischütz* nicht nur im landschaftschildernden Element, es hat ebenso die handelnden Personen, die keine auf dem Opernkothurn wandelnden Heroen, vielmehr einfach natürliche Menschen sind, sowie die gesamte musikalische Formgebung miteinbezogen. Die Arie hat nunmehr den letzten Rest konzertanten Wesens abgestreift, sie verdichtet sich, wie die großen Soloszenen von Max und Agathe dartun, zum dramatisch gerechtfertigten, ja notwendigen Gesangsmonolog. Die gelegentliche Motivwiederkehr kennt noch keinen leitthematischen Ehrgeiz, ist jedoch, wo sie eintritt, von schlagender Wirkung, so wenn bei Kaspars Tode das wörtliche Zitat »Die siebente sei dein« aus der Wolfsschluchtszene gleich dem Hohngelächter der Hölle in den Posaunen erklingt. Zur Stimme seelischen Unterbewußtseins wird der Anklang an den Spottchor der Bauern in dem Augenblick, da Max zögert, in die Schreckensschlucht hinabzusteigen. Die höhnende Sekundendissonanz scheint ihn in seinem Beschlusse, am Kugelgusse teilzunehmen, zu bestärken. Samiel, der eine Sprech-, keine Gesangsrolle ist, wird dafür im Orchester mit einem mehrfach wiederkehrenden Motiv musikalisch verankert. Wie bekundet sich Webers eingeborener Bühneninstinkt in dem Zuge, den Bösen nur kurz auf dem Theater erscheinen und wenige Worte sprechen zu lassen! Gespenster, die gegenteilig handeln, hören nur zu leicht auf, unheimlich zu wirken.

Die Aufteilung der beiden weiblichen Hauptrollen in eine ›Sentimentale‹ und eine ›Muntere‹ hat nur noch äußerlich etwas mit dem altbewährten Opernschema gemein. Webers Tonsprache verleiht Agathe mit mädchenhafter Innigkeit und Empfindsamkeit zugleich den Atem einer leidenschaftlichen Seele, ein Zug, den eine aus dem Geist der Musik gestaltende Sängerin nie übersehen sollte. Man verkennt den Agathencharakter, wenn man ihn in tränenreicher Rührseligkeit erschöpft. Ebensowenig ist Ännchen mit der obligaten Soubrettenkoketterie gedient; gehört doch zum Wesen auch ihres musikalischen Charakters absolute Natürlichkeit, und nicht aus Zufall zitiert sie in einer leider meist gestrichenen Dialogstelle (II, 1) den Wahlspruch ihres Vaters, des »tapferen Degens«: »Halunke, wehre dich!« An jenem Gespensterglauben, der die anderen beherrscht, will sie daher nicht teilnehmen. Das beweist sowohl die humoristische Färbung, die sie im Terzett Nr. 9 Stellen wie »Der wilde Jäger soll dort hetzen« oder »Willst du den Himmel observieren« zu verleihen weiß, als auch die bereits erwähnte Romanze »Einst träumte meiner sel'gen Base« mit ihrem Gefunkel romantischer Ironie. Wenn es auch dem Komponisten nicht ganz gelungen ist, dem Jägerburschen Max das bereits vom Textdichter vernachlässigte persönliche Relief aufzuprägen, so ersteht in Kaspar ein um so großartigerer musikalischer Charakter, der schon Beethovens Bewunderung (»Das Untier steht da wie ein Haus«) erregt hat. Sein Trinklied mit den diabolischen Flötentrillern wurde von E. T. A. Hoffmann als »der Brillant der Oper« bezeichnet. Naturgemäß müssen die Nebenrollen an zeichnerischer Schärfe hinter den Protagonisten zurückstehen; immerhin eröffnet sich auch hier ein reiches Feld bezeichnender Einzelzüge. Wie wird zum Beispiel das Überstürzte, innerlich Unsichere des von Fürst Ottokar erteilten Landesverweises aus der aufgeregten Sechzehnteldiktion seines »So eile, mein Gebiet zu meiden« offenbar. Der Eremit, wenngleich nur im schlichten Gewande des Einsiedels, ohne hohe priesterliche Würden, zählt mit seinem Erscheinen zum ergreifend Erhabensten, was die Opernbühne kennt.

Damit kommen wir zu der oft diskutierten Frage des Freischütz-Schlusses. Man hat vielfach Stimmen des Bedauerns darüber gehört, daß der tragische Schluß der Vorlage durch Kind und Weber ins Versöhnliche umgebogen worden sei. Der originale Ausgang soll angeblich von tiefergehender Wirkung sein. So einfach, wie es auf den ersten Blick scheinen möchte, liegen indessen die Dinge nicht. Weber hatte seinen guten Grund, wenn er eine positive Lösung erstrebte; war diese doch in seinem künstlerischen und menschlichen Charakter begründet. Der Willkür des ›Schicksalsdramas‹, das die Lose der Menschen dem Würfelbecher unerklärlichen Zufalls entnahm, brachte sein nach Klarheit, Ordnung und Harmonie trachtender Geist, der klassische Zug seines Wesens, berechtigtes Mißtrauen entgegen. So sollte der

Freischütz, der von dem Dichter Kind bereits reichlich mit Requisiten der modebeliebten Gattung wie Vorahnungen, Traumgesichten, herabstürzenden Bildern und verwechselten Braut- und Totenkronen bestückt war, unter keinen Umständen ein musikalisches ›Schicksalsdrama‹ werden. Ein tragisches Finale hätte ihn zum mindesten solchen Bereichen nahegerückt. Webers positives Christentum wollte sich außerdem mit dem Gedanken nicht befreunden, daß die Unschuld mit der Schuld aufgeopfert werden solle. Die tragische Lösung war daher keine Lösung in seinem Sinne, nicht die Lösung eines Genius, der, nach seinen eigenen Worten, den Geist der Musik mit dem der Liebe als wahlverwandt empfand. Ein unvermeidbares Opfer blieb ohnehin: Kaspar. Allein der nicht unedle, wenngleich schwache Max, die engelreine Agathe – sie durften nicht Beute eines fatumgleichen Verhängnisses werden. Überdies entsprach dies schwerlich dem Geiste einer echten Volksoper, die den Edlen gerettet, den Bösen vernichtet zu sehen wünscht. Nun gab es allerdings eine Macht, die den von menschlicher Unzulänglichkeit geschürzten Knoten entwirren und die Lösung im Sinne einer höheren Weltordnung herbeiführen konnte, die göttliche Gnade. Und so betritt der Eremit nicht als ›Deus ex machina‹, sondern als Verkünder göttlichen Willens die Bühne. Was Kinds Textworte höchstens anzudeuten vermögen, spricht die Musik, eine wundervolle Verschmelzung von Deklamation und Gesang, unzweideutig aus: über Schuld und Fehl thront die verzeihende Liebe. Daß diese Offenbarung dem Munde eines schlichten Einsiedels entquillt, macht sie doppelt ergreifend und entspricht dem Wesen dieses musikalischen Volksgedichts. Aber man beauftrage die schönste tiefe Männerstimme des Ensembles, den persönlichkeitsstärksten Darsteller mit der Rolle des Eremiten, dann wird man sie, was Weber beabsichtigte, als Krönung des Ganzen empfinden, wird man erst der vollen Würde und Weihe dieses Finales gerecht werden. Im übrigen lag das relativ breite Ausspinnen nach erfolgter Lösung in der unmittelbaren Zielsetzung des Schöpfers, den die Erfahrung gelehrt hatte: »Der Deutsche läßt sich gern noch in den erzeugten angenehmen Gefühlen wiegen und folgt teilnehmend dem Darlegen derselben von den ihm liebgewordenen Charakteren auf der Bühne.«

Unverwelkt sind bis auf den heutigen Tag die Reize des *Freischütz* geblieben. Kaum eine Bühne, auf der die volkstümlichste aller Opern, obwohl sie auf ein Alter von mehr als 150 Jahren zurückblicken kann, nicht Heimat- und Dauerrecht besäße. Wie möchte dies auch anders sein bei einer Schöpfung, von der ein geistreicher Franzose einmal geäußert hat, sie sei eigentlich gar keine Oper, vielmehr Deutschland selbst.

Wilhelm Zentner

Königliche Schauspiele.

Montag, den 18. Juny 1821.

Im Schauspielhause.

Zum Erstenmale:

Der Freischütz.

Oper in 3 Abtheilungen (zum Theil nach dem Volksmährchen: Der Freischütz), von F. Kind. Musik von Carl Maria v. Weber.

Personen:

Ottokar, regierender Graf			Hr. Rebenstein.
Cuno, gräflicher Erbförster			Hr. Wauer.
Agathe, seine Tochter			Mad. Seidler.
Aennchen, eine junge Verwandte			Mlle. Joh. Eunike
Caspar, erster } Jägerbursch			Hr. Blume.
Max, zweiter } Jägerbursch			Hr. Stümer.
Samiel, der schwarze Jäger			Hr. Hillebrand.
Ein Eremit			Hr. Gern.
Kilian, ein reicher Bauer			Hr. Wiedemann.
Brautjungfern			Mlle. Henr. Reinwald rc
Jäger und Gefolge des Grafen	Hr. Michaelis.	Hr. Tischow.	Hr. Buggenhagen rc.
Landleute und Musikanten.			
Erscheinungen.			

Scene: In Böhmen. Zeit: kurz nach Beendigung des dreißigjährigen Krieges.

Die sämmtlich neuen Decorationen sind von dem Königl. Decorations-Maler Herrn Gropius gezeichnet und gemalt.

Arienbücher sind das Stück für 4 Groschen an der Kasse zu haben.

Zu dieser Vorstellung sind nur noch Parterre-Billets à 12 Gr. und Amphitheater-Billets à 6 Gr. zu haben.

Anzeige.

Im Opernhause: Der Jude, Schauspiel in 5 Abtheilungen, nach dem Englischen des Cumberland. Hierauf: Der Nachtwächter, Posse in 1 Aufzug, von Th. Körner.

Dienstag den 19. Juny. Im Opernhause: Die Jungfrau von Orleans, romantische Tragödie in 5 Abtheilungen, von Schiller.

Anfang 6 Uhr; Ende 9 Uhr.

Die Kasse wird um 5 Uhr geöffnet.

PERSONEN

Ottokar, böhmischer Fürst *(Bariton)*
Kuno, fürstlicher Erbförster *(Baß)*
Agathe, seine Tochter *(Sopran)*
Ännchen, eine junge Verwandte *(Sopran)*
Kaspar, erster Jägerbursche *(Baß)*
Max, zweiter Jägerbursche *(Tenor)*
Ein Eremit *(Baß)*
Kilian, ein reicher Bauer *(Bariton)*
Vier Brautjungfern *(Sopran)*
Samiel, der schwarze Jäger *(Sprechrollen)*
Erster, Zweiter, Dritter fürstlicher Jäger *(Sprechrollen)*

Jäger und fürstliches Gefolge. Landleute und Musikanten. Schenkmädchen. Brautjungfern. Erscheinungen.

Ort und Zeit: Böhmen, kurz nach Beendigung des Dreißigjährigen Krieges.

Uraufführung: Berlin, Königl. Schauspielhaus, 18. Juni 1821.

Spieldauer: 3 Stunden.

REIHENFOLGE DER MUSIKNUMMERN

Ouvertüre.

Erster Aufzug

Nr. 1. Introduktion: Chor, Marsch und Lied. Kilian. Chor. Viktoria, der Meister soll leben!
Nr. 2. Terzett mit Chor. Max. Kuno. Kaspar. Chor. Oh, diese Sonne!
Nr. 3. Walzer, Rezitativ und Arie. Max. Nein, länger trag' ich nicht die Qualen.
Nr. 4. Lied. Kaspar. Hier im ird'schen Jammertal.
Nr. 5. Arie. Kaspar. Schweig, schweig, damit dich niemand warnt.

Zweiter Aufzug

Nr. 6. Duett. Agathe und Ännchen. Schelm, halt fest!
Nr. 7. Ariette. Ännchen. Kommt ein schlanker Bursch gegangen.
Nr. 8. Szene und Arie. Agathe. Wie nahte mir der Schlummer.
Nr. 9. Terzett. Agathe. Ännchen. Max. Wie? Was? Entsetzen!

Verwandlung

Nr. 10. Finale. Kaspar. Max. Chor. Milch des Mondes fiel aufs Kraut.

Nr. 11. Entre-Akt.

Dritter Aufzug

Nr. 12. Kavatine. Agathe. Und ob die Wolke sie verhülle.
Nr. 13. Romanze, Rezitativ und Arie. Ännchen. Einst träumte meiner sel'gen Base.
Nr. 14. Volkslied. Soli und Chor der Brautjungfern. Wir winden dir den Jungfernkranz.

Verwandlung

Nr. 15. Jägerchor. Was gleicht wohl auf Erden dem Jägervergnügen?
Nr. 16. Finale. Ottokar. Kuno. Max. Kaspar. Agathe. Ännchen. Eremit. Chor. Schaut, o schaut! Er traf die eigne Braut!

OUVERTÜRE

(C-Dur 4/4)

ERSTER AUFZUG

Platz vor einer Waldschenke,
sogenanntem Schenkgiebel. Im Hintergrunde eine Vogelstange, vom Volksgetümmel umgeben. Böhmische Bergmusik.

ERSTER AUFTRITT

Kilian. Max. Landleute.

Nr. 1. Introduktion

Max *(sitzt allein im Vordergrunde an einem Tisch, vor sich den Krug. Bald nach dem Aufgehen des Vorhangs fällt von Kilians Büchse ein Schuß, und das letzte Stück einer Sternscheibe fliegt herunter).*

Kilian *(jauchzt auf).*

Das Volk *(ruft).* Ah, ah! Brav! Herrlich getroffen! *(Jubelt und klatscht.)*

Max *(bis jetzt die geballte Faust vor der Stirn, schlägt damit heftig auf den Tisch, ausrufend).* Glück zu, Bauer!

Chor der Landleute.

Viktoria! Viktoria! Der Meister soll leben,
Der wacker dem Sternlein den Rest hat gegeben!
Ihm gleichet kein Schütz von fern und von nah!
Viktoria! Viktoria! Viktoria!

(Allgemeiner Jubel. Die Stange wird herabgelassen.)

Max. Immer frisch! Schreit! Schreit! *(Er stampft mit der Büchse auf den Boden und lehnt sie an einen Baum.)* War ich denn blind? Sind denn die Sehnen dieser Faust erschlafft?

(Es ordnet sich ein Zug. Voran die Musikanten, den folgenden Marsch spielend; dann Bauernknaben, die das letzte Stück der Scheibe auf einem alten Degen und mancherlei neues Zinngerät als Gewinn tragen. Hierauf Kilian, als Schützenkönig, mit gewaltigem Strauß und Ordensband, worauf die von ihm getroffenen Sterne befestigt sind. Schützen mit Büchsen, mehrere mit Sternen auf Mützen und Hüten; Weiber und Mädchen folgen. Der Zug geht im Kreise herum, und alle, die bei Max vorbeikommen, deuten höhnisch auf ihn, verneigen sich, flüstern und lachen. Zuletzt bleibt Kilian vor Max stehen, wirft sich in die Brust und singt:)

Kilian. Schau der Herr mich an als König!
Dünkt Ihm meine Macht zu wenig?
Gleich zieh Er den Hut, Mosje!
Wird Er, frag ich, he, he, he?

Mädchen *(aushöhnend, Rübchen schabend, mit den Fingern auf Max deutend).*
Heheheheheheheheheh!

Männer. Wird Er – frag ich? Wird Er – frag ich?
Gleich zieh Er den Hut, Mosje!
Wird Er, frag ich, wird Er, hehehe?

Kilian. Stern und Strauß trag ich vorm Leibe!
Kantors Sepherl trägt die Scheibe!
Hat Er Augen nun, Mosje?
Was traf Er denn, he, he, he?

Chor *(wiederholt die letzten Zeilen).*

Kilian. Darf ich etwa Eure Gnaden
's nächste Mal zum Schießen laden?
Er gönnt andern was, Mosje!
Nun, Er kommt doch, he, he, he?

Chor *(wie oben).*

Max *(springt auf und faßt Kilian bei der Brust).* Laßt mich zufrieden oder –!

ZWEITER AUFTRITT

Kuno. Kaspar und mehrere Jäger. Die Vorigen.

Kuno. Was gibt's hier? Pfui, dreißig über einen! Wer untersteht sich, meinen Burschen anzutasten?

Kilian *(von Max losgelassen, aber noch furchtsam).* Alles in Güte und Liebe, werter Herr Erbförster, gar nicht böse gemeint! Es ist Herkommen bei uns, daß, wer stets gefehlt hat, vom Königsschuß ausgeschlossen und dann ein wenig gehänselt wird – alles in Güte und Liebe.

Kuno *(heftig).* Stets gefehlt? Wer? Wer hat das?

Kilian. Es ist freilich arg, wenn der Bauer einmal über den Jäger kommt – aber fragt ihn nur selbst.

Max *(beschämt und verzweifelnd).* Ich kann's nicht leugnen; ich habe nie getroffen.

Kaspar *(für sich).* Dank, Samiel!

Kuno. Max! Max! Ist's möglich? Du, sonst der beste Schütze weit und breit! Seit vier Wochen hast du keine Feder nach Hause gebracht, und auch jetzt –? Pfui der Schande!

Kaspar. Glaube mir, Kamerad, es ist, wie ich gesagt habe: es hat dir jemand einen Weidmann gesetzt, und den mußt du lösen, oder du triffst keine Klaue.

Kuno. Possen!

Kaspar. Das meine ich eben, so etwas ist leicht gemacht; laß dir raten, Kamerad! Geh nächsten Freitag auf einen Kreuzweg, zieh mit dem Ladestock oder einem blutigen Degen einen Kreis um dich und rufe dreimal den großen Jäger –

Kilian. Gott bewahr uns! Einen von des Teufels Heerscharen!

Kuno. Schweig, vorlauter Bube! Ich kenne dich längst. Du bist ein Tagedieb, ein Schlemmer, ein falscher Würfler – hüte dich, daß ich nicht noch Ärgeres von dir denke. *(Kaspar macht eine kriechende Bewegung, als wolle er sich entschuldigen.)* Kein Wort, oder du hast auf der Stelle den Abschied! Aber auch du, Max, sieh dich vor! Ich bin dir wie ein Vater gewogen; es freut mich, daß der Herr Fürst Sohnesrecht auf den Eidam übertragen will, aber, wenn du morgen beim Probeschuß fehltest, müßt' ich dir doch das Mädchen versagen. Oder wollt ihr in der Irre herumlaufen?

Max. Morgen! Morgen schon!

Einige Jäger. Was ist das eigentlich mit dem Probeschusse? Schon oft haben wir davon gehört.

Kilian. Ja, auch wir. Aber noch hat uns niemand die rechte Bewandtnis zu sagen gewußt.

Andere Jäger. O erzählt's uns, Herr Kuno!

Kuno. Meinetwegen! Zum Hoflager kommen wir noch zeitig genug. *(Setzt sich.)* Mein Urältervater, der noch im Forsthause abgebildet steht, hieß Kuno, wie ich, und war fürstlicher Leibschütz. Einst trieben die Hunde einen Hirschen heran, auf dem ein Mensch angeschmiedet war – so bestrafte man in alten Zeiten die Waldfrevler. Dieser Anblick erregte das Mitleid des damaligen Fürsten. Er versprach demjenigen, welcher den Hirsch erlege, ohne den Missetäter zu verwunden, eine Erbförsterei und zur Wohnung das nah gelegene Waldschlößchen. Der wackere Leibschütz, mehr aus eigenem Erbarmen als wegen der großen Verheißung, besann sich nicht lange. Er legte an und befahl die Kugel den heiligen Engeln. Der Hirsch stürzte, und der Wilddieb war, obwohl im Gesicht vom Dorngebüsch derb zerkratzt, doch im übrigen unversehrt.

Die Weiber. Gott sei Dank! Der arme Wildschütz!

Die Männer. Brav, brav! Das war ein Meisterschuß!

Kaspar. Oder ein Glücksfall, wenn nicht vielleicht gar –

Max. Ich möchte der Kuno gewesen sein! *(Er starrt zu Boden und versinkt in sich selbst.)*

Kuno. Auch mein Urvater freute sich sehr über die Rettung des Unglücklichen, und der Fürst erfüllte in allem seine Zusage.

Kilian. So? Also davon schreibt sich der Probeschuß her, Nachbarn und Freunde. Nun weiß man's doch auch!

Kuno. Hört noch das Ende! Es ging damals wie jetzt *(mit einem Blick auf Kaspar)*, daß der böse Feind immer Unkraut unter den Weizen sät. Kunos Neider wußten es an den Fürsten zu bringen, der Schuß sei mit Zauberei geschehen, Kuno habe nicht gezielt, sondern eine Freikugel geladen.

Kaspar. Dacht' ich's doch! *(Für sich.)* Hilf zu, Samiel!

Kilian *(zu einigen Bauern)*. Eine Freikugel? Das sind Schlingen des bösen Feindes; meine Großmutter hat mir's einmal erklärt. Sechse treffen, aber die siebente gehört dem Bösen; der kann sie hinführen, wohin's ihm beliebt.

Kaspar. Alfanzerei! Nichts als Naturkräfte!

Kuno. Aus diesem Grunde machte der Fürst bei der Stiftung den Zusatz: »Daß jeder von Kunos Nachfolgern zuvor einen Probeschuß ablege, schwer oder leicht, wie es der regierende Fürst oder sein Abgeordneter anzubefehlen geruhe.« Auch will es das Herkommen, daß der junge Förster an demselben Tag mit seiner Erwählten getraut wird, die aber völlig unbescholten sein und im jungfräulichen Ehrenkränzlein erscheinen muß. Doch genug nun! *(Zu den Jägern, die mit ihm gekommen.)* Wir wollen uns wieder auf den Weg machen! Du aber, Max, magst noch einmal zu Hause nachsehen, ob sämtliche Treibleute angelangt sind. Nimm dich zusammen! Der Weidmann, der dir gesetzt ist, mag die Liebe sein. Noch vor Sonnenaufgang erwarte ich dich beim Hoflager.

Nr. 2. Terzett mit Chor

Max *(der erst bei Kunos Anrede aus seiner Zerstreuung zurückgekommen ist).*
Oh, diese Sonne,
Furchtbar steigt sie mir empor!

Kuno. Leid oder Wonne,
Beides ruht in deinem Rohr!

Max. Ach, ich muß verzagen,
Daß der Schuß gelingt!

Kuno. Dann mußt du entsagen!
Leid oder Wonne,
Beides ruht in deinem Rohr!

Kaspar *(zu Max, mit bedeutungsvoller Heimlichkeit).*
Nur ein keckes Wagen
Ist's, was Glück erringt!

Max. Agathen entsagen,
Wie könnt' ich's ertragen?
Doch mich verfolget Mißgeschick!

Chor. Seht, wie düster ist sein Blick!
Ahnung scheint ihn zu durchbeben!

Die Jäger *(zu Max).*
O laß Hoffnung dich beleben,
Und vertraue dem Geschick!
Kuno und Chor. O laß Hoffnung dich beleben,
Und vertraue dem Geschick!
Max. Weh mir! Mich verließ das Glück!
Kuno und Chor. O vertraue!
Max. Unsichtbare Mächte grollen,
Bange Ahnung füllt die Brust!
Chor. O vertraue dem Geschick!
Max. Unsichtbare Mächte grollen,
Bange Ahnung füllt die Brust!
Nimmer trüg' ich den Verlust!
Kuno. So's des Himmels Mächte wollen,
Dann trag männlich den Verlust!
Kaspar. Mag Fortunas Kugel rollen;
Wer sich höhrer Kraft bewußt,
Trotzt dem Wechsel und Verlust!
Max. Agathen entsagen,
Wie könnt ich's ertragen!
Nimmer trüg' ich den Verlust! Nimmer!
Kuno. Trage!
Chor. Nein, nein, nimmer trüg' er den Verlust!
Nein!
Kuno *(faßt Max bei der Hand).*
Mein Sohn, nur Mut!
Wer Gott vertraut, baut gut! –
(Zu den Jägern.)
Jetzt auf! In Bergen und Klüften
Tobt morgen der freudige Krieg!
Chor der Jäger. Das Wild in Fluren und Triften,
Der Aar in Wolken und Lüften
Ist unser, und unser der Sieg!
Chor der Landleute.
Laßt lustig die Hörner erschallen!
Chor der Jäger. Wir lassen die Hörner erschallen!
Alle. Wenn wiederum Abend ergraut,
Soll Echo und Felsenwand hallen:
Sa! Hussa, dem Bräut'gam, der Braut!
(Kuno mit Kaspar und den Jägern ab.)

DRITTER AUFTRITT

Die Vorigen ohne Kuno und sein Gefolge.

Kilian. Ein braver Mann, der Herr Förster! Aber nun kommt auch in den Schenkgiebel, es wird schon recht dämmrig und schaurig. *(Zu Max.)* Wir wollen gute Freunde bleiben, wackerer Bursch! Auch ich gönne Ihm morgen das beste Glück! Jetzt schlag Er sich die Grillen aus dem Kopf, nehm Er ein Mädchen und tanz Er mit hinein!

Max. Ja, es wär' mir wie tanzen!

Kilian. Nun, wie's beliebt!

Nr. 3. Walzer, Rezitativ und Arie

(Kilian nimmt eine der Frauen und tanzt. Die anderen folgen. Die meisten drehen sich tanzend in dem Schenkgiebel, die übrigen zerstreuen sich außerhalb desselben. Während des Tanzes ist es düster geworden.)

VIERTER AUFTRITT

Max allein. Später Samiel, von beinahe übermenschlicher Größe, dunkelgrün und feuerfarb mit Gold gekleidet. Der große, mit einer Hahnfeder verzierte Hut bedeckt fast das ganze schwarzgelbe Gesicht.

Rezitativ

Max. Nein, länger trag ich nicht die Qualen,
Die Angst, die jede Hoffnung raubt!
Für welche Schuld muß ich bezahlen?
Was weiht dem falschen Glück mein Haupt?

Arie

Durch die Wälder, durch die Auen
Zog ich leichten Muts dahin;
Alles, was ich konnt' erschauen,
War des sichern Rohrs Gewinn.
Abends bracht' ich reiche Beute,
Und wie über eignes Glück,
Drohend wohl dem Mörder, freute
Sich Agathes Liebesblick!

Rezitativ

Hat denn der Himmel mich verlassen?
(Samiel tritt, fast bewegungslos, im Hintergrund einen Schritt aus dem Gebüsch.)
Die Vorsicht ganz ihr Aug' gewandt?
(Mit verzweiflungsvoller Gebärde.)
Soll das Verderben mich erfassen?
Verfiel ich in des Zufalls Hand?
(Samiel verschwindet wieder.)

Arie

Jetzt ist wohl ihr Fenster offen,
Und sie horcht auf meinen Schritt,
Läßt nicht ab vom treuen Hoffen:
Max bringt gute Zeichen mit!
Wenn sich rauschend Blätter regen,
Wähnt sie wohl, es sei mein Fuß;
Hüpft vor Freuden, winkt entgegen –
Nur dem Laub, nur dem Laub den Liebesgruß.
(Samiel schreitet im Hintergrund mit großen Schritten langsam über die Bühne.)
Doch mich umgarnen finstre Mächte!
Mich faßt Verzweiflung, foltert Spott!
O dringt kein Strahl durch diese Nächte?
Herrscht blind das Schicksal? Lebt kein Gott?
(Samiel, schon ganz an der entgegengesetzten Seite, macht bei dem letzten Worte eine zuckende Bewegung und ist verschwunden.)
Mich faßt Verzweiflung, foltert Spott!

FÜNFTER AUFTRITT

Max. Kaspar, herbeischleichend. Samiel, größtenteils unsichtbar. Ein Schenkmädchen.

Kaspar. Da bist du ja noch, Kamerad. Gut, daß ich dich finde.

Max. Horchst du schon wieder herum?

Kaspar. Ist das mein Dank? Es fiel mir unterwegs ein

guter Rat für dich ein; aus treumeinendem Herzen stehle ich mich fort, laufe mich fast außer Atem! Ich kann's, kann's nicht verschmerzen, daß du hier zum Spott der Bauern geworden bist. Teufel, die mögen gelacht haben! Ha, ha, ha! Aber was hilft's? Schlag dir's aus den Gedanken, Bruderherz! *(Er greift nach dem Krug.)* Wie? Was? Bier hast du? Das taugt nicht zum Sorgenbrecher! *(In den Schenkgiebel rufend.)* Wein! Wein! Zwei Paßgläser – Kamerad, und kostete es mich den letzten Heller, ich kann dich nicht so traurig sehen! Du mußt mit mir trinken!

Ein Schenkmädchen *(hat indes das Geforderte gebracht).*

Kaspar *(zu dem Mädchen).* Laß ankreiden!

Mädchen *(geht mit unwilligem Blick ab).*

Max. Damit verschone mich! Mein Kopf ist ohnedies wüst genug. *(Er legt den Kopf in die Hände.)*

Kaspar *(tropft geschwind aus einem Fläschchen etwas in das für Max bestimmte Glas; für sich).* So, Freundchen, da brauchst du wenig! *(Er gießt schnell Wein ein.)* Hilf Samiel! *(Samiel schaut mit dem Kopf aus dem Gebüsch.)* Du da?

(Samiel verschwindet.)

Max *(auffahrend).* Mit wem sprachst du?

Kaspar. Ich? Mit niemand. Ich sagte: »So, Freundchen!«, weil ich dir einschenkte.

Max. Ich mag aber nichts.

Kaspar. Der Herr Förster soll leben! Die Gesundheit deines Lehrherrn wirst du doch mittrinken? *(Er reicht Max das Glas mit den Tropfen.)*

Max. So sei's!

(Sie stoßen an und trinken.)

Kaspar. Nun laß uns eins singen! – »Semper fröhlich, nur halb selig, immerhin!« *(Max bezeigt seinen Unwillen.)* Das gefällt dir nicht? Nun denn, ein andres!

Nr. 4. Lied

Kaspar. Hier im ird'schen Jammertal
Wär' doch nichts als Plack und Qual,
Trüg' der Stock nicht Trauben;

Darum bis zum letzten Hauch
Setz ich auf Gott Bacchus' Bauch
Meinen festen Glauben!

Ei, du mußt mitsingen[1]. *(Er trinkt.)*

Max. Laß mich!

Kaspar. Jungfer Agathe soll leben! Wer die Gesundheit seiner Braut ausschlüg', wär' doch wahrlich ein Schuft!

Max. Du wirst unverschämt.

(Sie stoßen an und trinken.)

Kaspar. Eins ist eins und drei sind drei!
Drum addiert noch zweierlei
Zu dem Saft der Reben;
Kartenspiel und Würfellust
Und ein Kind mit runder Brust
Hilft zum ew'gen Leben!

Mit dir ist aber auch gar nichts anzufangen! *(Er trinkt.)*

Max. Wie kannst du mir zumuten, in so etwas einzustimmen?

Kaspar. Unser Herr Fürst soll leben! Wer nicht dabei ist, wär' ein Judas!

Max. Nun denn, aber dann auch keinen Tropfen mehr! *(Sie stoßen an und trinken. Max weht sich mit dem Hute Luft zu und gibt sonst zu erkennen, daß ihm heiß sei.)*

Kaspar. Ohne dies Trifolium
Gibt's kein wahres Gaudium
Seit dem ersten Übel.
Fläschchen sei mein Abc,
Würfel, Karte, Katherle
Meine Bilderfibel[2]!

Max. Elender! Agathe hat recht, wenn sie mich immer vor dir warnt. *(Er will fort. Man merkt ihm von jetzt eine gewisse Heftigkeit an, einem leichten, aber bösen Rausche gleich.)*

1. Der Dialog fällt unmittelbar nach dem Gesang ein, ohne das Ende des Nachspiels abzuwarten.

2. Andere Version der Schlußverse:
Fläschchen sei mein Abc,
Mein Gebetbuch Katherle,
Karte meine Bibel!

Kaspar. Wie kannst du auch gleich so in Harnisch geraten, Bruderherz? Ich diente noch als Milchbart unter dem Altringer und Tilly und war mit beim Magdeburger Tanze; unterm Kriegsvolk lernt man solche Schelmliedlein. *(Die Dorfuhr schlägt. Max steht auf.)* Willst du schon nach Hause?

Max. Ja, es wird Zeit. Das schlug sieben!

Kaspar. Zu Agathe? Das rat ich doch nicht – du könntest sie erschrecken! Weißt du nicht, daß sie auf einen Gewinn als gute Vorbedeutung für morgen hofft?

Max. Ach, die Arme! Und ich selbst! Morgen!

Kaspar. Bleib noch und laß dir raten! Deshalb hab ich dich eigentlich aufgesucht. Dir könnte gar wohl geholfen werden!

Max. Mir geholfen?

Kaspar *(geheimnisvoll)*. Um dir ganz meine Freundschaft zu beweisen, könnte ich dir unter vier Augen – nicht umsonst habe ich gegen dich zuweilen ein Wort fallen lassen. – Es gibt allerdings gewisse geheime Kräfte der Natur – gewisse unschuldige Jagdkünste – diese Nacht, wo sich die Mondscheibe verfinstert, ist zu großen Dingen geschickt! – Ein alter Bergjäger hat mir einmal vertraut –

(Man sieht Samiel von Zeit zu Zeit lauschen, ohne daß ihn die Sprechenden bemerken.)

Max. Du missest mir das Gift tropfenweis' zu –

Kaspar. Wie wär's, Kamerad, wenn ich dir noch heute zu einem recht glücklichen Schuß verhülfe, der Agathe beruhigte und zugleich euer morgendes Glück verbürgte?

Max. Du fragst wunderbar. Wie ist das möglich?

Kaspar. Mut! Mut! Was die Augen sehen, glaubt das Herz. Da, nimm meine Büchse.

Max. Was soll ich damit?

Kaspar. Geduld! *(Er sieht nach dem Himmel.)* Zeigt sich denn nichts? *(Schnell, indem er ihm das Gewehr gibt.)* Da, da! Siehst du den Stößer dort? Schieß!

Max. Bist du ein Narr oder glaubst du, ich bin's? Es ist ganz düster, der Vogel schwebt wie ein schwarzer Punkt in der Luft, wolkenhoch über der Schußweite!

Kaspar. Schieß in T – Schellobers Namen! Ha, ha!

Max *(berührt wie im Zweifel den Stecher, das Gewehr geht los. In demselben Augenblick hört man gellendes Gelächter, so daß sich Max erschrocken nach Kaspar umsieht).* Was lachst du? Wie Fittiche der Unterwelt kreist's dort oben – *(Ein mächtiger Steinadler schwebt einen Augenblick wirbelnd in der Luft und stürzt dann tot zu Maxens Füßen.)* Was ist das?

Kaspar *(der ihn aufhebt).* Der größte Steinadler, den es gibt! Was für Fänge, und wie herrlich getroffen! Gleich unterm Flügel, sonst nichts verletzt! Kannst ihn ausstopfen lassen, Bruder, für ein Naturalienkabinett.

Max. Aber ich begreife nicht – diese Büchse ist doch wie jede andere –

Kaspar. Viktoria! Das wird dich bei den Bauern in Respekt setzen! Das wird Agathe erfreuen! *(Er rauft einige der größten Federn aus und steckt sie auf Maxens Hut.)* So, Kamerad, dies als Siegeszeichen.

Max. Was machst du? – Wird mir doch ganz schauerlich! – Was hast du geladen? Was war das für eine Kugel?

Kaspar. Gar keine Kugel, Närrchen! Eine trächtige Blindschleiche! Die trifft allemal.

Max. Träum ich denn oder bin ich berauscht? So etwas ist mir noch nie begegnet! – Kaspar, ich bitte dich, ich beschwöre dich! *(Er faßt ihn.)* Kaspar, ich bring dich um! Sag, was war das für eine Kugel?

Kaspar. Bist du verwirrt vor Freuden? Ich teile sie mit dir! *(Er umarmt ihn.)* Nicht, Freundchen, das war ein Schuß? Laß mich los!

Max *(läßt ihn los).* Wo hast du die Kugel her?

Kaspar. Nun, wenn du Vernunft annimmst – so sag mir – du, der wackerste Jäger, bist du oder stellst du dich nur so unerfahren? Wüßtest du wirklich nicht, was eine Freikugel sagen will?

Max. Albernes Geschwätz!

Kaspar. Da lernt man's doch besser unter dem Kriegsvolk. Ha, ha! Wie kämen die Scharfschützen zurecht, die ihren Mann aus dem dicksten Pulverdampf herausschießen? Oder hast du nie nachgedacht, wie der Schwedenkönig, trotz seines Kollers von Elenshaut, bei Lützen gefallen ist? Zwei silberne Kugeln, hieß es. Ja, ja, der Gescheite kennt das! Doch zu so etwas bedarf's anderer Künste als bloß zu zielen und loszudrücken.

Max *(den Adler betrachtend)*. Der Schuß ist unglaublich – in trüber Dämmerung – aus den Wolken herabgeholt! So wäre es doch wahr?

Kaspar. Zudem ist's wohl zweierlei, einem armen Erdensohn aus dem Hinterhalt das Lebenslicht ausblasen oder sich eine Erbförsterei und ein allerliebstes Mädchen erschießen!

Max *(vor sich selbst brütend)*. Hast du noch mehr solche Kugeln?

Kaspar. Es war die letzte – sie haben gerade ausgereicht.

(Pause.)

Max. Bist du doch auf einmal so wortkarg! – Ausgereicht! Wie verstehst du das?

Kaspar. Weil sie in dieser Nacht zu bekommen sind.

Max. In dieser Nacht?

Kaspar. Ja doch! Drei Tage hintereinander steht jetzt die Sonne im Schützen, und heut ist der mittelste; heut, wenn sich die Tage scheiden, gibt's eine totale Mondfinsternis. Max! Kamerad! Dein Schicksal steht unter dem Einfluß günstiger Gestirne! Du bist zu hohen Dingen ausersehen! Heute, gerade in der Nacht zuvor, ehe du den Probeschuß tun, Amt und Braut dir gewinnen sollst, wo du der Hilfe unsichtbarer Mächte so sehr bedarfst, beut die Natur selbst sich zu deinem Dienst!

Max. Wohl! Mein Geschick will's! Schaff mir so eine Kugel!

Kaspar. Mehr als du brauchst! Aber bedarf der Mann eines Vormunds?

Max. Wie erlangt man sie?

Kaspar. Das will ich dich lehren. Sei Punkt zwölf Uhr in der Wolfsschlucht!

Max. Um Mitternacht – in der Wolfsschlucht? Nein!

Die Schlucht ist verrufen, und um Mitternacht öffnen sich die Pforten der Hölle.

Kaspar. Pah! Wie du denkst! Und doch kann ich dich deinem Unstern nicht überlassen. Ich bin dein Freund! Ich will dir gießen helfen.

Max. Auch das nicht.

Kaspar. So mach dich morgen zum Landesgespött! Verlier die Försterei und Agathe! – Ich bin dein Freund, ich will selbst für dich gießen; aber *dabei* mußt du sein!

Max. Deine Zunge ist glatt. Nein, an solche Dinge muß ein frommer Jäger nicht denken!

Kaspar. Feigling! Also nur durch fremde Gefahr, gäb's anders dergleichen, möchtest du dein Glück erkaufen? Glaubst du, dann wäre deine Schuld, gäb' es dergleichen, geringer? Glaubst du, diese Schuld, gäb' es dergleichen, laste nicht schon auf dir? *(Den Adler an den Fittichen ausspreizend.)* Glaubst du, dieser Adler sei dir geschenkt?

Max. Furchtbar, wenn du recht hättest!

Kaspar. Sonderbar, wie du fragst! Doch Undank ist der Welt Lohn. Ich will mir hier einen Flederwisch abhauen, daß ich wenigstens etwas davontrage. *(Er haut einen Flügel ab.)* Drollig! Um Agathe zu trösten, wagtest du den Schuß; sie zu erwerben, fehlt es dir an Herzhaftigkeit! Das würde sich das Wachspüppchen, das mich um deinetwillen verwarf, schwerlich einbilden. *(Für sich.)* Es soll gerochen werden!

Max. Elender! Mut hab ich –

Kaspar. So bewähr ihn! Brauchtest du schon eine Freikugel, so ist's ja ein Kinderspiel, welche zu gießen. Was dir bevorsteht ohne diese Hilfe, kannst du aus deinen bisherigen Fehlschüssen leicht abnehmen. Das Mädchen ist auf dich versessen, kann ohne dich nicht leben; sie wird verzweifeln! Du wirst, allen Menschen ein Spott, herumschleichen, vielleicht aus Verzweiflung – *(Er drückt sich die Faust in die Augen, als träte das Wasser hinein.)* Schäme dich, rauher Weidmann, daß du ihn mehr liebst, als er sich selbst! *(Für sich.)* Hilf zu, Samiel!

Max. Agathe sterben! Ich in einen Abgrund springen! Ja, das wär' das Ende! *(Er gibt Kaspar die Hand.)* Bei Agathes Leben, ich komme!

Samiel *(der bei den letzten Worten von links hervorgelauscht hat, nickt und verschwindet).*

Kaspar. Schweig gegen jedermann! Es könnte dir und mir Gefahr bringen. Ich erwarte dich Glock zwölf!

Max. Ich dich verraten? Glock zwölf! Ich komme! *(Schnell ab.)*

SECHSTER AUFTRITT

Kaspar allein.

Nr. 5. Arie

Kaspar. Schweig, schweig, damit dich niemand warnt!
Schweige, damit dich niemand warnt!
Der Hölle Netz hat dich umgarnt!
Nichts kann vom tiefen Fall dich retten,
Nichts kann dich retten vom tiefen Fall!
Umgebt ihn, ihr Geister, mit Dunkel beschwingt!
Schon trägt er knirschend eure Ketten!
Triumph, Triumph, Triumph, die Rache gelingt!

ZWEITER AUFZUG

Vorsaal mit Seiteneingängen im Forsthause.

Hirschgeweihe und düstere Tapeten mit Jagdstücken geben ihm ein altertümliches Ansehen und bezeichnen ein ehemaliges fürstliches Waldschloß. In der Mitte ein mit Vorhängen versehener Ausgang, der zu einem Altan führt. Auf einer Seite Ännchens Spinnrad, auf der anderen ein großer Tisch, worauf ein Lämpchen brennt und ein weißes Kleid mit grünem Band liegt.

ERSTER AUFTRITT

Agathe. Ännchen.

Nr. 6. Duett

Ännchen *(steht auf einer Leiter, hat das Bild des ersten Kuno wieder aufgehängt und hämmert den Nagel fest).* Schelm, halt fest!
Ich will dich's lehren!
Spukerein kann man entbehren
In solch altem Eulennest.

Agathe *(bindet einen Verband von der Stirn).*
Laß das Ahnenbild in Ehren!

Ännchen. Ei, dem alten Herrn
Zoll ich Achtung gern;
Doch dem Knechte Sitte lehren,
Kann Respekt nicht wehren.

Agathe. Sprich, wen meinst du? Welchen Knecht?

Ännchen. Nun, den Nagel! Kannst du fragen?
Sollt' er seinen Herrn nicht tragen?
Ließ ihn falln! War das nicht schlecht?

Agathe. Ja, gewiß, das war nicht recht.

Ännchen. Ließ ihn falln, war das nicht schlecht?
Gewiß, das war recht schlecht!
(Sie steigt herab.)

Agathe. Alles wird dir zum Feste,
Alles beut dir Lachen und Scherz!
O wie anders fühlt mein Herz!

Ännchen. Grillen sind mir böse Gäste!
Immer mit leichtem Sinn
Tanzen durchs Leben hin,
Das nur ist Hochgewinn!
Sorgen und Gram muß man verjagen!
Immer mit leichtem Sinn!
Grillen sind mir böse Gäste!
Immer mit leichtem Sinn
Tanzen durchs Leben hin,
Das nur ist Hochgewinn.

Agathe. Wer bezwingt des Busens Schlagen?
Wer der Liebe süßen Schmerz?
Stets um dich, Geliebter, zagen
Muß dies ahnungsvolle Herz.

Ännchen. Grillen sind mir böse Gäste!
Immer mit leichtem Sinn
Tanzen durchs Leben hin,
Das nur ist Hochgewinn!
Sorgen und Gram muß man verjagen!
Das nur ist Hochgewinn!
Grillen sind mir böse, böse Gäste!
(Sie besieht sich das Bild.)

So, nun wird der Altvater wohl wieder ein Jahrhundertchen festhängen. Da oben mag ich ihn recht gern leiden! *(Zu Agathe gekehrt.)* Aber du hast das Tuch schon abgebunden? Das Blut ist doch völlig gestillt?

Agathe. Sei ohne Sorgen, liebes Ännchen! Der Schreck war das schlimmste! – Wo nur Max bleibt?

Ännchen. Nun kommt er gewiß bald. Herr Kuno sagte ja bestimmt, daß er ihn noch einmal heimsenden werde.

Agathe. Es ist recht still und einsam hier.

Ännchen. Unangenehm ist's freilich, in einem solchen verwünschten Schloß am Polterabend fast mutterseelenallein zu sein, zumal wenn sich so ehrwürdige, längst vermoderte Herrschaften mir nichts, dir nichts von den Wänden herabbemühen. Da lob ich mir die lebendigen und jungen!

Nr. 7. Ariette

Ännchen *(mit lebhafter Pantomime).*
Kommt ein schlanker Bursch gegangen,
Blond von Locken oder braun,
Hell von Aug' und rot von Wangen,
Ei, nach dem kann man wohl schaun.
Zwar schlägt man das Aug' aufs Mieder
Nach verschämter Mädchen Art[3];
Doch verstohlen hebt man's wieder,
Wenn's das Bürschchen nicht gewahrt.
Sollten ja sich Blicke finden,
Nun, was hat das auch für Not?
Man wird drum nicht gleich erblinden,
Wird man auch ein wenig rot[4].
Blickchen hin und Blick herüber,
Bis der Mund sich auch was traut!
Er seufzt: Schönste! Sie spricht: Lieber!
Bald heißt's Bräutigam und Braut.
Immer näher, liebe Leutchen!
Wollt ihr mich im Kranze sehn?
Gelt, das ist ein nettes Bräutchen,
Und der Bursch nicht minder schön?

Agathe *(die während des Liedchens angefangen hat, das Kleid mit Band zu besetzen, fällt am Schluß mit ein).* Und der Bursch nicht minder schön!

Ännchen. So recht! So gefällst du mir, Agathe! So bist du doch, wie ich sein werde, *(wichtig)* wenn ich einmal Braut bin.

Agathe. Wer weiß! Doch ich gönne dir's von Herzen, ist auch *mein* Brautstand nicht ganz kummerlos. Besonders seit ich heute von dem Eremiten zurückkam, hat mir's wie ein Stein auf dem Herzen gelegen. Jetzt fühle ich mich um vieles leichter.

Ännchen. Wieso? Erzähle doch! Noch weiß ich gar nicht, wie dein Besuch abgelaufen ist, außer daß dir der fromme Greis diese geweihten Rosen geschenkt hat.

Agathe. Er warnte mich vor einer unbekannten großen Gefahr, welche ihm ein Gesicht offenbart habe.

3. Im Urtext: Nach der Klosternonnen Art.
4. Im Urtext: Wird man auch wie Scharlach rot.

Nun ist seine Warnung ja in Erfüllung gegangen. Das herabstürzende Bild konnte mich töten!

Ä n n c h e n. Gut geklärt! So muß man böse Vorbedeutungen nehmen! Mein Vater war einst ein tapferer Degen und sehr unzufrieden, daß ich's nicht auch werden konnte. Er meinte, man müsse die Furcht nur verspotten, dann fliehe sie, und das wahre Sprüchlein, sich festzumachen, bestehe in den Worten: Halunke, wehre dich!

A g a t h e. Die Rosen sind mir nun doppelt teuer, und ich will ihrer auf das treueste pflegen.

Ä n n c h e n. Wie wär's, wenn ich sie in die Nachtfrische vors Fenster setzte? Es wird ohnedies Zeit, mich auszukleiden.

A g a t h e. Tue das, liebes Ännchen!

Ä n n c h e n. Aber dann laß uns auch zu Bette gehn!

A g a t h e. Nicht eher, bis Max dagewesen ist!

Ä n n c h e n. Hat man nicht seine Not mit euch Liebesleutchen! *(Sie geht ab.)*

ZWEITER AUFTRITT

Agathe allein.

Nr. 8. Szene und Arie

A g a t h e. Wie nahte mir der Schlummer,
Bevor ich ihn gesehn?
Ja, Liebe pflegt mit Kummer
Stets Hand in Hand zu gehn!
Ob Mond auf seinem Pfad wohl lacht?
(Sie öffnet die Altantür, so daß man in eine sternenhelle Nacht sieht.)
Welch schöne Nacht!
(Sie tritt in den Altan und erhebt in frommer Rührung ihre Hände.)
Leise, leise,
Fromme Weise!
Schwing dich auf zum Sternenkreise.
Lied, erschalle!

Feiernd walle
Mein Gebet zur Himmelshalle!
(Hinausschauend.)
O wie hell die goldnen Sterne,
Mit wie reinem Glanz sie glühn!
Nur dort in der Berge Ferne
Scheint ein Wetter aufzuziehn.
Dort am Wald auch schwebt ein Heer
Dunkler Wolken dumpf und schwer.
Zu dir wende
Ich die Hände,
Herr ohn' Anfang und ohn' Ende!
Vor Gefahren
Uns zu wahren
Sende deine Engelscharen!
(Wieder hinausschauend.)
Alles pflegt schon längst der Ruh';
Trauter Freund, wo weilest du?
Ob mein Ohr auch eifrig lauscht,
Nur der Tannen Wipfel rauscht;
Nur das Birkenlaub im Hain
Flüstert durch die hehre Stille;
Nur die Nachtigall und Grille
Scheint der Nachtluft sich zu freun.
Doch wie? Täuscht mich nicht mein Ohr?
Dort klingt's wie Schritte!
Dort aus der Tannen Mitte
Kommt was hervor!
Er ist's! Er ist's!
Die Flagge der Liebe mag wehn!
(Sie winkt mit einem weißen Tuch.)
Dein Mädchen wacht
Noch in der Nacht!
Er scheint mich noch nicht zu sehn!
Gott, täuscht das Licht
Des Monds mich nicht,
So schmückt ein Blumenstrauß den Hut!
Gewiß, er hat den besten Schuß getan!
Das kündet Glück für morgen an!
O süße Hoffnung, neu belebter Mut!

All meine Pulse schlagen,
Und das Herz wallt ungestüm,
Süß entzückt entgegen ihm!
Konnt' ich das zu hoffen wagen?
Ja, es wandte sich das Glück
Zu dem teuren Freund zurück,
Will sich morgen treu bewähren!
Ist's nicht Täuschung? Ist's nicht Wahn?
Himmel, nimm des Dankes Zähren
Für dies Pfand der Hoffnung an!
All meine Pulse schlagen,
Und das Herz wallt ungestüm,
Süß entzückt entgegen ihm,
Entzückt entgegen ihm!

DRITTER AUFTRITT

Agathe. Max, verstört und heftig eintretend. Ännchen hinter ihm.

Agathe. Bist du endlich da, lieber Max!

Max. Meine Agathe! *(Sie umarmen sich, Agathe tritt still zurück, als sie statt des gehofften Straußes den Federbusch erblickt.)* Verzeiht, wenn ihr meinetwegen aufgeblieben seid! Leider komm ich nur auf wenig Augenblicke.

Agathe. Du willst doch nicht wieder fort? Es sind Gewitter im Anzug.

Max. Ich muß! *(Er wirft den Hut auf den Tisch, daß das Lämpchen von dem Federbusch ausgelöscht wird. Die Gegend, in die man aus dem Altan hinaussieht, zeigt sich schon in dunklerer Beleuchtung.)*

Ännchen. Gut, daß der Mond scheint, sonst säßen wir im Finstern. *(Sie schlägt Feuer und brennt das Lämpchen wieder an. Zu Max.)* Wir sind ja recht lebhaft! Vermutlich getanzt?

Max. Ja, ja! Vermutlich!

Agathe *(furchtsam, mit allen Zeichen getäuschter Hoffnung).* Du scheinst übel gelaunt. Wieder unglücklich gewesen?

Max. Nein! Nein! Im Gegenteil!

Agathe. Nicht? Gewiß nicht?

Ännchen *(zu Max).* Was hast du gewonnen? Wenn's ein Band ist, Vetter, mußt du mir's schenken. Bitte, bitte! Agathe hat schon Bänderkram genug von dir!

Agathe. Was hast du getroffen, Max? Heute ist mir's von Wichtigkeit.

Max *(mit ängstlicher Verlegenheit).* Ich habe – ich war gar nicht beim Sternschießen!

Agathe. Und sagst doch, du seist glücklich gewesen?

Max. Ja doch! Wunderbar, unglaublich glücklich. Sieh! *(Er zeigt ihr mit solcher Heftigkeit den Federbusch auf dem Hut, daß sie zurückfährt.)* Den größten Raubvogel hab ich aus den Wolken geholt!

Agathe. Sei doch nicht so hastig, du fährst mir in die Augen!

Max. Vergib! *(Er bemerkt Blut an ihrer Stirn.)* Aber was ist das? Du bist verwundet, deine Locken sind blutig; um aller Heiligen willen, was ist dir begegnet?

Agathe. Nichts! Soviel als nichts, es heilt noch vorm Brautgang. *(Sich an ihn schmiegend.)* Du sollst dich drum deines Bräutchens nicht schämen!

Max. Aber so sagt doch nur –

Ännchen. Das Bild dort fiel herunter –

Max. Dort, der Urvater Kuno?

Agathe. Was hast du? Es ist sonst kein Bild hier.

Max. Der wackere, gottesfürchtige Kuno?

Ännchen. Halb und halb war Agathe selbst schuld. Wer hieß ihr auch, schon nach sieben Uhr immer ans Fenster zu laufen! Da ließ sich doch kaum erwarten, daß du schon heimkämst.

Max. Um sieben Uhr?

Ännchen. Du hörst's ja. Die Turmuhr drüben im Dorf hatte kaum ausgeschlagen.

Max. Seltsam! *(Für sich.)* Um diese Zeit schoß ich den Bergadler.

Agathe. Du sprichst mit dir selbst. Was hast du?

Max. Nichts, nichts auf der Welt!

Agathe. Bist du unzufrieden mit mir?

Max *(mit steigender Verlegenheit).* Nein! Wie könnt'

ich – Ja denn! Ich bringe dir eine Bürgschaft meines wiederkehrenden Glücks – sie hat mich *viel* gekostet, und du – du freust dich nicht einmal darüber. Ist das *auch* Liebe?

Agathe. Sei nicht ungerecht, Max! Noch weiß ich ja nicht – so große Raubvögel, wie ich diesen mir denken muß, haben immer etwas Furchtbares.

Ännchen. Das dächt' ich mir nicht! Mir sehn sie recht stattlich aus.

Agathe *(zu Max)*. O steh nicht so in dich gekehrt! Ich liebe dich ja so innig. Solltest du morgen nicht glücklich sein, würdest du mir, ich dir entrissen, o gewiß, der Gram würde mich töten!

Max. Drum – ebendarum – muß ich wieder fort!

Agathe. Aber was treibt dich?

Max. Ich habe – ich bin noch einmal glücklich gewesen.

Agathe. Noch einmal?

Max. Ja doch, ja! *(Ohne Agathe ansehen zu können.)* Ich hab in der Dämmrung einen Sechzehnender geschossen; der muß noch hereingeschafft werden, sonst stehlen ihn nachts die Bauern.

Agathe. Wo liegt der Hirsch?

Max. Ziemlich weit – im tiefen Wald – bei der Wolfsschlucht.

Nr. 9. Terzett

Agathe. Wie? Was? Entsetzen!
Dort in der Schreckensschlucht?

Ännchen. Der wilde Jäger soll dort hetzen,
Und wer ihn hört, ergreift die Flucht.

Max. Darf Furcht im Herz des Weidmanns hausen?

Agathe. Doch sündigt der, der Gott versucht!

Max. Ich bin vertraut mit jenem Grausen,
Das Mitternacht im Walde webt,
Wenn sturmbewegt die Eichen sausen,
Der Häher krächzt, die Eule schwebt.
(Er nimmt Hut, Jagdtasche und Büchse.)

Agathe. Mir ist so bang, o bleibe!
O eile nicht so schnell.
O eile, eile nicht so schnell!

O eile, eile, eile nicht!
Mir ist so bang!

Ännchen. Ihr ist so bang, o bleibe!
O eile nicht so schnell!
O eile, eile nicht!

Max *(nach dem Altan hinten schauend, düster für sich).*
Noch trübt sich nicht die Mondenscheibe,
Noch strahlt ihr Schimmer klar und hell;
Doch bald wird sie den Schein verlieren –

Ännchen. Willst du den Himmel observieren?
Das wär' nun meine Sache nicht!

Agathe. So kann dich meine Angst nicht rühren?

Max. Mich ruft von hinnen Wort und Pflicht!

Agathe, Max und Ännchen.
Leb wohl! Lebe wohl!

Max *(geht hastig fort, kehrt aber in der Tür noch einmal zurück).*
Doch hast du auch vergeben
Den Vorwurf, den Verdacht?

Agathe. Nichts fühlt mein Herz als Beben,
Nimm meiner Warnung acht!

Ännchen. So ist das Jägerleben!
Nie Ruh' bei Tag und Nacht!

Agathe. Weh mir, ich muß dich lassen!
Denk an Agathes Wort!

Max *(düster).* Bald wird der Mond erblassen,
Mein Schicksal reißt mich fort!

Ännchen *(zu Agathe).* Such, Beste, dich zu fassen!
(Zu Max.) Denk an Agathes Wort!

Max *(den Hut tief in die Augen drückend, stürzt heftig ab).*

VERWANDLUNG

Furchtbare Waldschlucht,

größtenteils mit Schwarzholz bewachsen, von hohen Gebirgen rings umgeben. Von einem derselben stürzt ein Wasserfall. Der Vollmond scheint bleich. Zwei Gewitter sind von entgegengesetzter Richtung im Anzug. Weiter vorwärts ein vom Blitz zerschmetterter, verdorrter Baum, inwendig faul, so daß er zu glimmen scheint. Auf der anderen Seite, auf einem knorrigen Ast, eine große Eule mit feurig rädernden Augen. Auf anderen Bäumen Raben und andere Waldvögel.

VIERTER AUFTRITT

Kaspar. Unsichtbare Geister von verschiedenen Seiten.

Kaspar *(ohne Hut und Oberkleid, doch mit Jagdtasche und Hirschfänger, ist beschäftigt, mit schwarzen Feldsteinen einen Kreis zu legen, in dessen Mitte ein Totenkopf liegt; einige Schritte davon der abgehauene Adlerflügel, Gießkelle und Kugelform).*

Nr. 10. Finale

Stimmen unsichtbarer Geister.
Milch des Mondes fiel aufs Kraut!
Uhui! Uhui!
Spinnweb' ist mit Blut betaut!
Uhui! Uhui!
Eh' noch wieder Abend graut –
Uhui! Uhui!
Ist sie tot, die zarte Braut!
Uhui! Uhui!
Eh' noch wieder sinkt die Nacht,
Ist das Opfer dargebracht!
Uhui! Uhui! Uhui!

FÜNFTER AUFTRITT

Kaspar. Bald darauf Samiel.
Die Uhr schlägt ganz in der Ferne zwölf. Der Kreis von Steinen ist vollendet.

Kaspar *(reißt heftig den Hirschfänger heraus, stößt ihn in den Totenkopf, erhebt den Hirschfänger mit dem Totenkopf, dreht sich dreimal herum und ruft).*

Samiel! Samiel! Erschein!
Bei des Zaubrers Hirngebein!
Samiel! Samiel! Erschein! *(Er stellt beides wieder in die Mitte des Kreises.)*

Samiel *(tritt aus dem Felsen).* Was rufst du?

Kaspar *(wirft sich vor Samiel nieder. Kriechend).*
Du weißt, daß meine Frist
Schier abgelaufen ist –

Samiel. Morgen!

Kaspar. Verlängre sie noch einmal mir –

Samiel. Nein!

Kaspar. Ich bringe neue Opfer dir –

Samiel. Welche?

Kaspar. Mein Jagdgesell, er naht –
Er, der noch nie dein dunkles Reich betrat!

Samiel. Was sein Begehr?

Kaspar. Freikugeln sind's, auf die er Hoffnung baut!

Samiel. Sechse treffen, sieben äffen.

Kaspar. Die siebente sei dein!
Aus seinem Rohr lenk sie nach seiner Braut
Dies wird ihn der Verzweiflung weihn,
Ihn und den Vater –

Samiel. Noch hab ich keinen Teil an ihr!

Kaspar *(bange).* Genügt er dir allein?

Samiel. Das findet sich!

Kaspar. Doch schenkst du Frist? Und wieder auf drei Jahr',
Bring ich ihn dir zur Beute dar!

Samiel. Es sei. – Bei den Pforten der Hölle!
Morgen er oder du!

(Er verschwindet. Dumpfer Donner.)

SECHSTER AUFTRITT

Kaspar. Bald darauf Max. Später Erscheinungen, die jedoch sämtliche den Zauberkreis nicht berühren. Zuletzt Samiel.

Kaspar *(richtet sich langsam und erschöpft auf und trocknet sich den Schweiß von der Stirn. Der To-*

tenkopf mit dem Hirschfänger ist verschwunden, an dessen Stelle kommt ein kleiner Herd mit glimmenden Kohlen, dabei einige Reisbunde, aus der Tiefe. Als er sie erblickt). Trefflich bedient! *(Er tut einen Zug aus der Jagdflasche.)* Gesegn' es, Samiel! *(Trinkt.)* – Er hat mir warm gemacht! – Aber wo bleibt Max? Sollte er wortbrüchig werden? Samiel, hilf!

(Er geht nicht ohne Beängstigung im Kreise hin und her; die Kohlen drohen zu verlöschen; er kniet zu ihnen nieder, legt Reis auf und bläst an. Die Eule und andere Vögel heben dabei die Flügel, als wollten sie anfachen. Das Feuer raucht und knistert.)

Max *(wird auf einer Felsenspitze, dem Wasserfall gegenüber, sichtbar und beugt sich in die Schlucht herab).*

Ha! – Furchtbar gähnt
Der düstre Abgrund, welch ein Graun!
Das Auge wähnt
In einen Höllenpfuhl zu schaun!
Wie dort sich Wetterwolken ballen,
Der Mond verliert von seinem Schein!
Gespenst'ge Nebelbilder wallen,
Belebt ist das Gestein!
Und hier – husch, husch,
Fliegt Nachtgevögel auf im Busch!
Rotgraue narb'ge Zweige strecken
Nach mir die Riesenfaust!
Nein! Ob das Herz auch graust,
Ich muß! Ich trotze allen Schrecken!
(Er klettert einige Schritte herab.)

Kaspar *(richtet sich auf und erblickt ihn).* Dank, Samiel! Die Frist ist gewonnen! *(Zu Max.)* Kommst du endlich, Kamerad? Ist das auch recht, mich so allein zu lassen? Siehst du nicht, wie mir's sauer wird? *(Er hat das Feuer mit dem Adlerflügel angefacht und erhebt diesen im Gespräch gegen Max.)*

Max *(nach dem Adlerflügel starrend).*

Ich schoß den Adler aus hoher Luft;
Ich kann nicht rückwärts, mein Schicksal ruft! –

(Er klettert einige Schritte, bleibt dann wieder stehen

und blickt starr nach dem gegenüberliegenden Felsen. Der Geist seiner Mutter erscheint im Felsen.)
Weh mir!

Kaspar. So komm doch, die Zeit eilt!

Max. Ich kann nicht hinab!

Kaspar. Hasenherz! Klimmst ja sonst wie eine Gemse!

Max. Sieh dorthin! Sieh! *(Er deutet nach dem Felsen, man erblickt eine weißverschleierte Gestalt, die die Hand erhebt.)*

Was dort sich weist,
Ist meiner Mutter Geist!
So lag sie im Sarg, so ruht sie im Grab!
Sie fleht mit warnendem Blick!
Sie winkt mir zurück!

Kaspar *(für sich).* Hilf, Samiel! *(Laut.)* Alberne Fratzen! – Hahaha! Sieh noch einmal hin, damit du die Folgen deiner feigen Torheit erkennest.

(Die verschleierte Gestalt ist verschwunden, man erblickt Agathens Gestalt mit aufgelösten Locken und wunderlich mit Laub und Stroh aufgeputzt. Sie gleicht völlig einer Wahnsinnigen und scheint im Begriff, sich in den Wasserfall herabzustürzen.)

Max. Agathe! Sie springt in den Fluß!
Hinab! Hinab! Ich muß!

(Die Gestalt verschwindet, Max klimmt vollends herab, der Mond fängt an sich zu verfinstern.)

Kaspar *(höhnisch für sich).* Ich denke wohl auch, daß du mußt!

Max *(heftig zu Kaspar).* Hier bin ich! Was hab ich zu tun?

Kaspar *(wirft ihm die Jagdflasche zu, die Max weglegt).* Zuerst trink! Die Nachtluft ist kühl und feucht. Willst du selbst gießen?

Max. Nein! Das ist wider die Abrede.

Kaspar. Nicht? So bleib außer dem Kreise, sonst kostet's dein Leben!

Max. Was hab ich zu tun?

Kaspar. Fasse Mut! Was du auch hören und sehen magst, verhalte dich ruhig. *(Mit eigenem heimlichem Grauen.)* Käm' vielleicht ein Unbekannter, uns zu helfen, was kümmert's dich? Kommt andres, was tut's? So etwas sieht ein Gescheiter gar nicht!

Max. Oh, wie wird das enden?

Kaspar. Umsonst ist der Tod! Nicht ohne Widerstand schenken verborgene Naturen den Sterblichen ihre Schätze. Nur wenn du mich selbst erzittern siehst, dann komm mir zu Hilfe und rufe, was ich rufen werde, sonst sind wir beide verloren.

Max *(macht eine Bewegung des Einwurfs).*

Kaspar. Still! Die Augenblicke sind kostbar! *(Der Mond ist bis auf einen schmalen Streif verfinstert. Kaspar nimmt die Gießkelle.)* Merk auf, was ich hineinwerfen werde, damit du die Kunst lernst. *(Er nimmt die Ingredienzien aus der Jagdtasche und wirft sie nach und nach hinein.)* Hier erst das Blei. – Etwas gestoßenes Glas von zerbrochenen Kirchenfenstern; das findet sich! – Etwas Quecksilber! – Drei Kugeln, die schon einmal getroffen! – Das rechte Auge eines Wiedehopfes! – Das linke eines Luchses! Probatum est! – Und nun den Kugelsegen! *(In drei Pausen sich gegen die Erde neigend.)*

Schütze, der im Dunkeln wacht,
Samiel, Samiel, hab acht!
Steh mir bei in dieser Nacht,
Bis der Zauber ist vollbracht!
Salbe mir so Kraut als Blei,
Segn' es sieben, neun und drei,
Daß die Kugel tüchtig sei!
Samiel, Samiel, herbei!

(Die Masse in der Gießkelle fängt an zu gären und zu zischen und gibt einen grünlichweißen Schein. Eine Wolke läuft über den Mondstreif, daß die ganze Gegend nur noch von dem Herdfeuer, den Augen der Eule und dem faulen Holz des Baumes beleuchtet ist.)

Kaspar *(gießt, läßt die Kugel aus der Form fallen und ruft).* Eins!

Das Echo *(wiederholt).* Eins!

(Waldvögel kommen herunter, setzen sich um den Kreis, hüpfen und flattern.)

Kaspar *(gießt und zählt).* Zwei!

Echo. Zwei!

(Ein schwarzer Eber bricht durchs Gebüsch und jagt vorüber.)

Kaspar *(stutzt und zählt)*. Drei!

Echo. Drei!

(Ein Sturm erhebt sich, beugt und bricht Wipfel der Bäume, jagt Funken vom Feuer.)

Kaspar *(zählt ängstlich)*. Vier!

Echo. Vier!

(Man hört Rasseln, Peitschengeknall und Pferdegetrappel; vier feurige funkenwerfende Räder rollen vorüber, ohne daß man wegen der Schnelligkeit ihre eigentliche Gestalt oder den Wagen gewahr werden kann.)

Kaspar *(immer ängstlicher, zählt)*. Fünf!

Echo. Fünf!

(Hundegebell und Wiehern in der Luft; Nebelgestalten von Jägern zu Fuß und zu Roß, Hirschen und Hunden ziehen auf der Höhe vorüber.)

Chor *(unsichtbar)*.

Durch Berg und Tal, durch Schlund und Schacht,
Durch Tau und Wolken, Sturm und Nacht!
Durch Höhle, Sumpf und Erdenkluft,
Durch Feuer, Erde, See und Luft,
Jaho! Wauwau! ho! ho! ho! ho! ho! ho! ho! ho!

Kaspar. Wehe, das wilde Heer! Sechs! Wehe!

Echo. Sechs! Wehe!

(Der ganze Himmel wird schwarze Nacht, die vorher miteinander kämpfenden Gewitter treffen zusammen und entladen sich mit furchtbaren Blitzen und Donnern; Platzregen fällt; dunkelblaue Flammen schlagen aus der Erde; Irrlichter zeigen sich auf den Bergen; Bäume werden prasselnd aus den Wurzeln gerissen; der Wasserfall schäumt und tobt; Felsenstücke stürzen herab; von allen Seiten Wettergeläut; die Erde scheint zu schwanken.)

Kaspar *(zuckend und schreiend)*. Samiel! – Samiel! *(Er wird zu Boden geworfen.)* Hilf! – Sieben!

Echo. Sieben!

Max *(gleichfalls vom Sturm hin und her geschleudert, springt aus dem Kreis, faßt einen Ast des verdorrten Baumes und schreit)*. Samiel!

(In demselben Augenblick fängt das Ungewitter an sich zu beruhigen, an der Stelle des verdorrten Baumes steht der schwarze Jäger, nach Maxens Hand fassend.)

Samiel *(mit furchtbarer Stimme).* Hier bin ich!

Max *(schlägt ein Kreuz und stürzt zu Boden).*

(Es schlägt ein. Plötzliche Stille. Samiel ist verschwunden. Kaspar liegt noch mit dem Gesicht zu Boden. Max richtet sich konvulsivisch auf.)

Nr. 11. ENTRE AKT

(Molto vivace, D-Dur 2/4)

DRITTER AUFZUG

Kurze Waldszene. Tag.

ERSTER AUFTRITT

Zwei fürstliche Jäger. Später Max und Kaspar. Zuletzt der dritte fürstliche Jäger.

Erster Jäger. Ein herrliches Jagdwetter!

Zweiter Jäger. Nimmermehr hätt' ich das geglaubt; bis gegen Morgen war ein Mordlärm!

Erster Jäger. Besonders in der Wolfsschlucht soll ganz und gar der böse Feind gehaust haben.

Zweiter Jäger. Das ist ein für allemal seiner Großmutter Lustwäldchen.

Erster Jäger. Dort gibt's Windbrüche! Mannsdicke Stämme sind zersplittert wie Rohrstäbe, Riesentannen strecken die Wurzeln gen Himmel.

Zweiter Jäger. Ja, ja, man weiß schon, wer dort sein Wesen treibt.

Erster Jäger. Mit deinen Fratzen! Laß uns gehen!

(Max etwas erhitzt, kommt mit Kaspar.)

Erster Jäger *(zu ihnen im Vorübergehen)*. Guten Tag!

Zweiter Jäger *(zieht vor Max den Hut)*. Glück zu, Herr Exspektant!

Max. Gute Jagd!

Zweiter Jäger *(den ersten zurückhaltend und auf Max deutend)*. Hör, sei höflich gegen den! Das ist ein Mordskerl! Er hat drei Schüsse getan – unsereiner kann nicht so weit sehen, geschweige denn treffen! Die Durchlaucht ist ganz versessen auf ihn. Das Glücksrädchen dreht sich wunderlich. Läuft's so fort, kann er noch Landjägermeister werden.

E r s t e r J ä g e r. Meinethalben! Komm!

(Sie gehen.)

M a x *(zu Kaspar).* Gut, daß wir allein sind! Hast du noch von den Glückskugeln? Gib!

K a s p a r. Bist du des Geiers, Kamerad? Bedenk, drei nahm ich, vier für dich! Kann ein Bruder redlicher teilen?

M a x. Aber ich habe nur noch *eine*! Der Fürst hatte mich ins Auge gefaßt. Drei Schüsse hab ich getan zum Erstaunen. Was hast du denn mit den Kugeln angefangen?

K a s p a r *(nimmt zwei Elstern aus der Jagdtasche und wirft sie hinter einen Busch).* Da sieh, nach den Elstern hab ich zwei verschossen.

M a x. Bist du toll?

K a s p a r. Es macht mir Spaß, so einen Galgenvogel herunterzulangen! Was kümmert mich die ganze fürstliche Jagd?

M a x *(dringend).* So hast du noch eine; gib mir sie!

K a s p a r. Daß ich ein Narr wär'! Ich noch eine – du noch eine! Die heb dir fein auf zu dem Probeschuß.

M a x. Gib mir deine dritte!

K a s p a r. Ich mag nicht –

M a x. Kaspar!

D r i t t e r J ä g e r *(tritt ein, zu Max).* Der Fürst verlangt Euch, aber augenblicklich! Es ist ein Streit entstanden, wie weit Euer Gewehr trifft.

M a x. Sogleich! *(Zu Kaspar, nachdem der dritte Jäger abgegangen, dringend.)* Gib mir die dritte!

K a s p a r. Nein, und wenn du mir zu Füßen fielst!

M a x. Schuft! *(Ab.)*

K a s p a r. Immerhin – Jetzt geschwind die sechste Kugel verbraucht. *(Er ladet.)* Die siebente, die Teufelskugel, hebt er mir schon zum Probeschuß auf! Hahaha! Das Exempel ist richtig. Wohl bekomm's der schönen Braut! – Dort läuft ein Füchslein; dem die sechste in den Pelz! *(Er legt im Abgehen an; der Schuß fällt.)*

VERWANDLUNG

Agathens Zimmer,

altertümlich, doch niedlich verziert. An einer Stelle ein kleiner Hausaltar, worauf in einem Blumentopf der Strauß weißer Rosen, von dem durch das Fenster hereinfallenden Sonnenstrahl beleuchtet.

ZWEITER AUFTRITT

Agathe allein.

Agathe *(bräutlich weiß, mit grünem Band gekleidet, kniet am Altar, steht auf und singt dann mit wehmütiger Andacht).*

Nr. 12. Kavatine

Und ob die Wolke sie verhülle,
Die Sonne bleibt am Himmelszelt;
Es waltet dort ein heil'ger Wille,
Nicht blindem Zufall dient die Welt!
Das Auge, ewig rein und klar,
Nimmt aller Wesen liebend wahr!
Für mich auch wird der Vater sorgen,
Dem kindlich Herz und Sinn vertraut,
Und wär' dies auch mein letzter Morgen,
Rief' mich sein Vaterwort als Braut:
Sein Auge, ewig rein und klar,
Nimmt meiner auch mit Liebe wahr[5]!

DRITTER AUFTRITT

Agathe. Ännchen.

Ännchen. Ei, du hast dich dazugehalten! – Aber du bist ja so wehmütig; ich glaube gar, du hast geweint? Brauttränen und Frühregen, sagt das Sprichwort, währen nicht lange. Nun, das weiß der Himmel, Regen

5. Im Urtext: Nimmt aller seiner Kinder wahr.

genug hat's gegeben! Oft dacht' ich, der Sturm würde das alte Jagdschlößchen ganz über den Haufen blasen.

Agathe. Und Max war in diesem schrecklichen Wetter im Walde! Zudem habe ich so quälende Träume gehabt.

Ännchen. Träume? Ich habe immer gehört, was einem vor dem Hochzeitstage träumt, muß man sich merken. Solche Träume sollen, wie Laubfrösche, das ganze liebe Ehestandswetter verkündigen. Was träumtest du denn?

Agathe. Es klingt wunderbar. Mir träumte, ich sei in eine weiße Taube verwandelt und fliege von Ast zu Ast; Max zielte nach mir, ich stürzte; aber nun war die weiße Taube verschwunden, ich war wieder Agathe, und ein großer schwarzer Raubvogel wälzte sich im Blute.

Ännchen *(klatscht in die Hände)*. Allerliebst! Allerliebst!

Agathe. Wie kannst du dich nur über so etwas freuen?

Ännchen. Nun, der schwarze Raubvogel – da hast du ja die ganze Bescherung: du arbeitetest noch spät an dem weißen Brautkleide und dachtest gewiß vor dem Einschlafen an deinen heutigen Staat; da hast du die weiße Taube! Du erschrakst vor den Adlerfedern auf Maxens Hut, es schauert dir überhaupt vor Raubvögeln; da hast du den schwarzen Vogel! Bin ich nicht eine geschickte Traumdeuterin?

Agathe. Deine Liebe zu mir macht dich dazu, liebes, fröhliches Kind! Gleichwohl – hast du nie gehört, daß Träume in Erfüllung gingen?

Ännchen *(für sich)*. Fällt mir denn nichts ein, sie zu zerstreuen? *(Laut mit scheinbarer Ernsthaftigkeit und Furcht.)* Freilich, alles kann man nicht verwerfen! Ich selbst weiß da ein grausenerregendes Beispiel!

Nr. 13. Romanze, Rezitativ und Arie

Romanze

Ännchen. Einst träumte meiner sel'gen Base,
Die Kammertür eröffne sich,
Und kreideweiß ward ihre Nase,

Denn näher, furchtbar näher schlich
Ein Ungeheuer
Mit Augen wie Feuer,
Mit klirrender Kette –
Es nahte dem Bette,
In welchem sie schlief –
Ich meine die Base
Mit kreidiger Nase –
Und stöhnte, ach! so hohl!
Und ächzte, ach! so tief!
Sie kreuzte sich, rief
Nach manchem Angst- und Stoßgebet:
Susanne, Margaret! Susanne! Margaret!
Und sie kamen mit Licht –
Und – denke nur – und –
Erschrick mir nur nicht! –
Und – graust mir doch! – und –
Der Geist war: – Nero – der Kettenhund!

Agathe *(wendet sich unwillig ab).*

Rezitativ

Ännchen *(zärtlich).* Du zürnest mir?
Doch kannst du wähnen,
Ich fühlte nicht mit dir?
Nur ziemen einer Braut nicht Tränen!

Arie

Trübe Augen,
Liebchen, taugen
Einem holden Bräutchen nicht.
Daß durch Blicke
Sie erquicke
Und beglücke
Und bestricke,
Alles um sich her entzücke,
Das ist ihre schönste, schönste Pflicht.
Laß in öden Mauern
Büßerinnen trauern,
Dir winkt ros'ger Hoffnung Licht!
Schon entzündet sind die Kerzen

Zum Verein getreuer Herzen!
Holde Freundin, zage nicht!

Nun muß ich aber auch geschwind den Kranz holen. Die alte Elsbeth hat ihn eben aus der Stadt mitgebracht, und ich vergeßliches Ding ließ ihn unten. Horch, da kommen die Brautjungfern schon. *(Im Abgehen.)* Guten Tag, liebe Mädchen! Da, singt immer die Braut an. Ich komme gleich wieder. *(Sie geht ab.)*

VIERTER AUFTRITT

Agathe. Brautjungfern in ländlicher Feiertracht, doch ohne Kränze und Blumen.

Nr. 14. Volkslied

Erste Brautjungfer.
Wir winden dir den Jungfernkranz
Mit veilchenblauer Seide;
Wir führen dich zu Spiel und Tanz,
Zu Glück und Liebesfreude!

Alle *(einen Ringelreihn um Agathe tanzend).*
Schöner grüner, schöner grüner Jungfernkranz!
Veilchenblaue Seide! Veilchenblaue Seide!

Zweite Brautjungfer.
Lavendel, Myrt' und Thymian,
Das wächst in meinem Garten;
Wie lang bleibt doch der Freiersmann?
Ich kann es kaum erwarten.

Alle. Schöner grüner, schöner grüner Jungfernkranz!
Veilchenblaue Seide! Veilchenblaue Seide!

Dritte Brautjungfer.
Sie hat gesponnen sieben Jahr'
Den goldnen Flachs am Rocken;
Die Schleier sind wie Spinnweb klar[6]
Und grün der Kranz der Locken.

Alle. Schöner grüner, schöner grüner Jungfernkranz!
Veilchenblaue Seide! Veilchenblaue Seide!

6. Andere Version: Das Hemdlein ist wie Spinnweb klar.

Vierte Brautjungfer.
Und als der schmucke Freier kam,
War'n sieben Jahr' verronnen;
Und weil sie der Herzliebste nahm,
Hat sie den Kranz gewonnen.
Alle. Schöner grüner, schöner grüner Jungfernkranz!
Veilchenblaue Seide! Veilchenblaue Seide!

FÜNFTER AUFTRITT

Die Vorigen. Ännchen.

Ännchen *(mit einer zugebundenen runden Schachtel, fällt noch mit ein).*
Schöner grüner, schöner grüner Jungfernkranz!
Nun, da bin ich wieder! Aber fast wär' ich auf die Nase gefallen. Kannst du dir's denken, Agathe? Der alte Herr Kuno hat schon wieder gespukt.

Agathe *(beklommen).* Was sagst du?

Ännchen. Daß ich über das alte Bild fast die Beine gebrochen hätte. Es ist diese Nacht zum zweitenmal von der Wand gefallen und hat ein tüchtiges Stück Kalk mit heruntergenommen. Der ganze Rahmen ist zertrümmert.

Agathe. Fast könnte es mich ängstigen! Er war der Urvater unseres Stammes.

Ännchen. Du zitterst auch vor einer Spinne! In einer so tollen Nacht, wo alle Pfosten krachen, ist's da zu verwundern? Auch führ' ich wohl keinen sonderlichen Hammer, und der alte Nagel war ganz verrostet. Nun frisch, noch einmal das Ende des Liedchens! *(Sie schneidet den Bindfaden entzwei, kniet tändelnd vor Agathe nieder und überreicht ihr die Schachtel, während sie mit den anderen singt.)*

Chor. Schöner grüner, schöner grüner Jungfernkranz!
Veilchenblaue Seide –

Agathe *(öffnet und fährt zurück).* Ah!

Alle *(außer Ännchen, die noch kniet, fahren gleichfalls erblassend zurück).*

Ännchen. Nun, was ist denn? *(Agathe nimmt den*

Kranz heraus; es ist ein silberner Totenkranz. Selbst erschrocken.) Eine Totenkrone! Himmel, das ist – *(aufspringend und ihre Verlegenheit verbergend)* das ist nicht zum Aushalten! Da hat die alte halbblinde Frau oder die Verkäuferin gewiß die Schachteln vertauscht! *(Die Brautjungfern sehen einander bedenklich an. Agathe blickt still vor sich nieder und faltet die Hände.)* Aber was fangen wir nun an? *(Sie macht schnell die Schachtel zu und verbirgt sie.)* Weg damit! – Einen Kranz müssen wir haben!

Agathe. Vielleicht ist dies ein Wink von oben; der fromme Eremit gab mir die weißen Rosen so ernst und bedeutend; windet daraus die Brautkrone. Vor dem Altar und im Sarge mag die Jungfrau weiße Rosen tragen.

Ännchen *(nimmt die Rosen aus dem Blumentopf und verschlingt sie zu einem Kranz).* Ein herrlicher Einfall! Sie verschlingen sich von selbst *(sie setzt den Kranz Agathe auf)* und stehen dir allerliebst! – Doch nun laßt uns auch gehen, unsere Begleiter werden sonst ungeduldig. – Singt! Singt doch!

Brautjungfern und Ännchen *(im Abgehen mit gedämpfter Stimme).*

Schöner grüner, schöner grüner Jungfernkranz!
Veilchenblaue Seide! Veilchenblaue Seide!

VERWANDLUNG

Eine romantisch schöne Gegend.

Auf der einen Seite die fürstlichen Jagdzelte, worin vornehme Gäste und Hofleute, alle Brüche auf den Hüten, bankettieren. Auf der andern Seite sind Jäger und Treibleute gelagert, welche gleichfalls schmausen; hinter ihnen Hirsche, Eber und anderes Wild als Jagdbeute.

SECHSTER AUFTRITT

Ottokar. Kuno. Max. Kaspar. Jäger. Treibleute. Zuletzt Agathe, Ännchen, der Eremit, die Brautjungfern und ein Zug von Landleuten. Ottokar im Hauptzelt an der Tafel; am untersten Platz Kuno. Max in Kunos Nähe, doch außerhalb, auf seine Büchse gestützt. Auf der entgegengesetzten Seite Kaspar hinter einem Baum lauschend.

Nr. 15. Jägerchor

Chor der Jäger.
Was gleicht wohl auf Erden dem Jägervergnügen?
Wem sprudelt der Becher des Lebens so reich?
Beim Klange der Hörner im Grünen zu liegen,
Den Hirsch zu verfolgen durch Dickicht und Teich,
Ist fürstliche Freude, ist männlich Verlangen,
Erstarket die Glieder und würzet das Mahl.
Wenn Wälder und Felsen uns hallend umfangen,
Tönt freier und freud'ger der volle Pokal!
Jo, ho! Tralalalala!
Diana ist kundig, die Nacht zu erhellen,
Wie labend am Tage ihr Dunkel uns kühlt.
Den blutigen Wolf und den Eber zu fällen,
Der gierig die grünenden Saaten durchwühlt,
Ist fürstliche Freude, ist männlich Verlangen,
Erstarket die Glieder und würzet das Mahl.
Wenn Wälder und Felsen uns hallend umfangen,
Tönt freier und freud'ger der volle Pokal!
Jo ho! Tralalalala!
(Anstoßen der Gläser und lautes Gejubel.)

Ottokar. Genug der Freuden des Mahls, werte Freunde und Jagdgenossen! Und nun noch zu etwas Ernstem. Ich genehmige sehr gern die Wahl, welche Ihr, mein alter wackerer Kuno, getroffen habt. Der von Euch erwählte Eidam gefällt mir.

Kuno. Ich kann ihm in allem das beste Zeugnis geben; gewiß wird er sich stets beeifern, Eurer Gnade würdig zu sein.

Ottokar. Das hoff ich. Sagt ihm, daß er sich bereithalte!

Kuno *(geht aus dem Zelt, spricht mit Max und geht dann wieder hinein).*

Kaspar *(für sich).* Wo bleibt nur das Döckchen? Hilf, Samiel! *(Er klettert auf den Baum und sieht sich um.)*

Ottokar. Wo ist die Braut? Ich habe so viel zu ihrem Lobe gehört, daß ich auf ihre Bekanntschaft recht neugierig bin.

Kuno. Nach dem Beispiel Eurer erlauchten Ahnen wart Ihr immer sehr huldreich gegen mich und mein Haus.

Max *(hält die Kugel in der hohlen Hand und blickt starr auf sie hin; für sich).* Dich sparte ich auf – Unfehlbare! Glückskugel! Aber du lastest jetzt zentnerschwer in meiner Hand.

Kuno. Der Zeit nach muß meine Tochter bald hier sein. Doch wollt Ihr mir gnädig Gehör schenken, Herr Fürst, so laßt den Probeschuß *vor* ihrer Ankunft ablegen. Der gute Bursch hat seit einiger Zeit, wo freilich die Entscheidung seines Glücks immer mehr herannahte, ganz besonderen Unstern gehabt. Ich fürchte, die Gegenwart der Braut könne ihn in Verwirrung setzen.

Ottokar *(lächelnd).* Er scheint allerdings für einen Weidmann noch nicht kaltes Blut genug zu besitzen. Solang ich ihn nur aus der Ferne beobachtete, tat er drei Meisterschüsse. Aber seit dem Augenblick, da ich ihn rufen ließ, hat er stets gefehlt.

Kuno. Das steht nicht zu leugnen, und doch war er früher stets der Geschickteste.

Ottokar. Wer weiß, Alter, ob's uns beiden am Hochzeitstag besser gegangen wäre? Indes, alte Gebräuche muß man ehren! Zudem – *(lächelnd und laut, daß es Max vernehmen soll)* habt Ihr ja noch einen älteren Jägerburschen, Kuno, dem, wenigstens den Jahren nach, der Vorzug gebührte.

Kuno. Dieser – gnädigster Herr – erlaubt mir – *(Er spricht leise mit dem Fürsten weiter.)*

Max *(für sich).* Kaspar hat vielleicht noch seine letzte Freikugel. Er könnte wohl gar – *(Er ladet hastig und stößt die Kugel in den Lauf.)* Noch einmal und nimmer wieder!

Ottokar. Nun, es ist bloß, um das Herkommen zu beobachten und meine Gunst zu rechtfertigen.

(Er tritt aus dem Gezelt. Gäste und Hofleute folgen. Die Jäger erheben sich und treten auf die andere Seite.)

Wohlauf, junger Schütz! Einen Schuß, wie heut früh deine drei ersten, und du bist geborgen! *(Nachdem er sich umgeschaut.)* Siehst du dort auf dem Zweig die weiße Taube? Die Aufgabe ist leicht. Schieß!

(Max legt an. In dem Augenblick, da er losdrücken will, tritt Agathe mit den übrigen zwischen den Bäumen heraus, wo die weiße Taube sitzt.)

Agathe *(schreit)*. Schieß nicht! Ich bin die Taube!

(Die Taube flattert auf und nach dem Baum, von welchem Kaspar eilig herabklettert. Max folgt mit dem Gewehr; der Schuß fällt. Die Taube fliegt fort. Sowohl Agathe als Kaspar sinken. Hinter der ersten tritt der Eremit hervor, faßt sie auf und verliert sich dann wieder unter dem Volk. Dies alles ist das Werk eines Augenblicks. Sowie der Schuß fällt, beginnt das Finale.)

Nr. 16. Finale

Ännchen, Max, Ottokar, Kuno und einige Landleute sind um Agathe im Hintergrund beschäftigt. Der übrige Chor steht in angstvollen Gruppen verteilt, nach Agathe und Kaspar blickend.

Chor der Hofleute, Jäger und Landleute.
Schaut, o schaut!
Er traf die eigne Braut!

Einige. Der Jäger stürzte vom Baum!

Chor. Wir wagen's kaum,
Nur hinzuschaun!
O furchtbar Schicksal, o Graun!
Unsre Herzen beben, zagen!
Wär' die Schreckenstat geschehn?
Kaum will es das Auge wagen,
Wer das Opfer sei, zu sehn.

(Ottokar und seine nähere Umgebung sind zu Agathe geeilt; Jäger zu Kaspar. Agathe wird in den Vordergrund auf eine Rasenerhöhung gebracht. Max liegt vor ihr auf den Knien.)

Agathe *(erwacht aus schwerer Ohnmacht).*
Wo bin ich?
War's Traum nur, daß ich sank?
Ännchen. O fasse dich!
Max und Kuno.
Sie lebt!
Max, Kuno und Chor.
Den Heil'gen Preis und Dank!
Sie hat die Augen offen!
Einige *(auf Kaspar zeigend).*
Hier dieser ist getroffen,
Der rot vom Blute liegt!
Kaspar *(sich krampfhaft krümmend).*
Ich sah den Klausner bei ihr stehn;
Der Himmel siegt!
Es ist um mich geschehn!
Andere. Vernahmt ihr's nicht?
Er rief den Bösen!
Agathe *(sich nach und nach erholend und aufstehend).*
Ich atme noch, der Schreck nur warf mich nieder.
Ich atme noch die liebliche Luft,
Ich atme noch!
Kuno. Sie atmet frei!
Max. Sie lächelt wieder!
Agathe. O Max!
Max. Die süße Stimme ruft!
Agathe. O Max, ich lebe noch!
Max. Agathe, du lebest noch!
Alle. Den Heil'gen Preis und Dank!
Samiel *(kommt hinter Kaspar aus der Erde, von den übrigen ungesehen).*
Kaspar *(erblickt Samiel).*
Du, Samiel, schon hier?
So hieltst du dein Versprechen mir?
Nimm deinen Raub! Ich trotze dem Verderben!
(Er hebt die geballte Faust drohend gen Himmel.)
Dem Himmel Fluch! – Fluch dir!
(Er stürzt zusammen. Samiel verschwindet.)
Chor *(von Grausen ergriffen).*
Ha! – Das war sein Gebet im Sterben?

Kuno. Er war von je ein Bösewicht!
Ihn traf des Himmels Strafgericht!
Kuno und Chor.
Er war von je ein Bösewicht!
Ihn traf des Himmels Strafgericht!
Einige. Er hat dem Himmel selbst geflucht!
Kuno und Chor.
Vernahmt ihr's nicht? Er rief den Bösen'
Ottokar.
Fort! Stürzt das Scheusal in die Wolfsschlucht!
Einige Jäger *(tragen den Leichnam fort).*
Ottokar *(zu Max).*
Nur du kannst dieses Rätsel lösen;
Wohl schwere Untat ist geschehn!
Weh dir, wirst du nicht alles treu gestehn!
Max. Herr, unwert bin ich Eurer Gnade;
Des Toten Trug verlockte mich,
Daß aus Verzweiflung ich vom Pfade
Der Frömmigkeit und Tugend wich;
Vier Kugeln, die ich heut verschoß,
Freikugeln sind's, die ich mit jenem goß.
Ottokar *(zornig).*
So eile, mein Gebiet zu meiden,
Und kehre nimmer in dies Land!
Vom Himmel muß die Hölle scheiden,
Nie, nie – empfängst du diese reine Hand!
Max. Ich darf nicht wagen,
Mich zu beklagen;
Denn schwach war ich,
Obwohl kein Bösewicht.
Kuno. Er war sonst stets getreu der Pflicht!
Agathe. O reißt ihn nicht aus meinen Armen!
Jäger. Er ist so brav, voll Kraft und Mut!
Landleute. O er war immer treu und gut.
Ännchen.
Gnädiger Herr, o habt Erbarmen!
Kuno und Chor.
Gnäd'ger Herr, o habt Erbarmen!
Ännchen. O habt Erbarmen!
Ottokar. Nein, nein, nein!

Agathe ist für ihn zu rein!
(Zu Max.) Hinweg, hinweg aus meinem Blick!
Dein harrt der Kerker, kehrst du je zurück!

(Der Eremit tritt auf. Alles weicht ehrerbietig zurück und begrüßt ihn demutsvoll, selbst der Fürst entblößt sein Haupt.)

Eremit. Wer legt auf ihn so strengen Bann?
Ein Fehltritt, ist er solcher Büßung wert?

Ottokar. Bist du es, heil'ger Mann,
Den weit und breit die Gegend ehrt?
Sei mir gegrüßt, Gesegneter des Herrn!
Dir bin auch ich gehorsam gern.
Sprich du sein Urteil; deinen Willen
Will treulich ich erfüllen.

Eremit. Leicht kann des Frommen Herz auch wanken
Und überschreiten Recht und Pflicht,
Wenn Lieb' und Furcht der Tugend Schranken,
Verzweiflung alle Dämme bricht.
Ist's recht, auf einer Kugel Lauf
Zwei edler Herzen Glück zu setzen?
Und unterliegen sie den Netzen,
Womit sie Leidenschaft umflicht,
Wer höb' den ersten Stein wohl auf?
Wer griff' in seinen Busen nicht?
Es finde nie der Probeschuß mehr statt!
Ihm, Herr, *(mit vorwurfsvollem Blick auf Max)*
der schwer gesündigt hat,
Doch sonst stets rein und bieder war[7],
Vergönnt dafür ein Probejahr!
Und bleibt er dann, wie ich ihn stets erfand,
Dann werde sein Agathes Hand!

Ottokar. Dein Wort genüget mir.
Ein Höh'rer spricht aus dir.

Alle. Heil unserm Herrn, er widerstehet nicht
Dem, was der fromme Klausner spricht!

Ottokar *(zu Max)*.
Bewährst du dich, wie dich der Greis erfand,
Dann knüpf ich selber euer Band!

7. Im Urtext: Doch früher reinen Herzens war.

Max. Die Zukunft soll mein Herz bewähren,
Stets heilig sei mir Recht und Pflicht!
Agathe *(zu Ottokar).*
O lest den Dank in diesen Zähren,
Das schwache Wort genügt ihm nicht!
Ottokar und Eremit.
Der über Sternen ist voll Gnade,
Drum ehrt es Fürsten, zu verzeihn!
Kuno *(zu Max und Agathe).*
Weicht nimmer von der Tugend Pfade,
Um eures Glückes wert zu sein!
Ännchen *(zu Agathe).*
O dann, geliebte Freundin, schmücke
Ich dich aufs neu zum Traualtar!
Eremit. Doch jetzt erhebt noch eure Blicke
Zu dem, der Schutz der Unschuld war!

(Er kniet nieder und erhebt die Hände. Agathe, Kuno, Max, Ännchen und mehrere des Volkes folgen seinem Beispiel.)

Alle. Ja, laßt uns zum Himmel die Blicke erheben
Und fest auf die Lenkung des Ewigen baun!
Agathe, Ännchen, Max, Ottokar, Kuno und Eremit.
Wer rein ist von Herzen und schuldlos im Leben,
Darf kindlich der Milde des Vaters vertraun!
Alle. Ja, laßt uns die Blicke erheben
Und fest auf die Lenkung des Ewigen baun,
Fest der Milde des Vaters vertraun!
Wer rein ist von Herzen und schuldlos im Leben,
Darf kindlich der Milde des Vaters vertraun!